Espero que las
recetas estén tan buenas
como tu comida.

Besos,

Los Knechtel.

picante

al rojo vivo

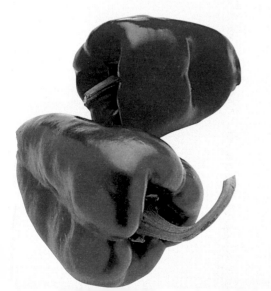

picante

Publicado por:
Editorial Cordillera con arreglo
con TRIDENT PRESS INTERNATIONAL
801 12th Avenue South, Suite 400
Naples, Fl 34102 USA
Tel: + 1 239 649 7077
Fax: + 1 239 649 5832
Email: tridentpress@worldnet.att.net
Sitio web: www.trident-international.com

Picante al rojo vivo
© Trident Press International, 2004

© 2003 MDS BOOKS / MEDIASAT para esta edición

GRUPO MEDIASAT
M.E.D.I.A.S.A.T México, S.A. de C.V.
Luz de Saviñon 13. Dcho 1004
Colonia del Valle - 03100 México DF (México)
Telf.: 56872007 Fax.: 55369531
www.mediasatgroup.com

Incluye Índice
ISBN 1582794928
EAN 9 781582 794921
UPC 6 15269 94928 3

Edición impresa en 2004

Impreso en Perú por Quebecor World

CONTENIDO

al rojo vivo

Al gusto de Tailandia

Bocadillos, sopas y entradas

► *La leche de coco y la crema de coco son, en esencia, el mismo producto. La crema se obtiene de la primera prensada de la pulpa del coco y es mucho más espesa que la leche, que proviene de prensadas posteriores. Ambas pueden comprarse en distintas presentaciones o elaborarse en casa.*

BOCADILLOS *de* ARROZ *con* CANGREJO

2 tazas/440 g/14 oz de arroz jazmín, cocido
30 g/1 oz de cilantro fresco, picado
granos de pimienta negra machacados
aceite para freír

ADEREZO DE CANGREJO

185 g/6 oz de pulpa de cangrejo en lata, bien escurrida
2 chiles rojos frescos, sin semillas y picados
2 chiles verdes pequeños, frescos, en tajadas finas
$^1/_4$ taza/60 ml/2 fl oz de crema de coco
2 cucharadas de yogur natural espeso
3 cucharaditas de jugo de lima
3 cucharaditas de salsa de pescado tailandesa (nam pla)
3 cucharaditas de cáscara de lima finamente rallada

1 cucharada de granos de pimienta negra machacados

1 Mezclar el arroz con el cilantro y pimienta negra a gusto, colocar en una bandeja aceitada de 18 x 28 cm/7 x 11 in, presionar y refrigerar. Luego cortar en rectángulos de 3 x 4 cm/1 $^1/_4$ x 1 $^1/_2$ in.

2 Calentar el aceite en una cacerola grande hasta que un cubo de pan se dore en 50 segundos. Cocinar los bocadillos de arroz, de a pocos por vez, 3 minutos o hasta que se doren. Escurrir sobre papel absorbente.

3 Para el aderezo, colocar en el procesador el cangrejo, los chiles, la crema de coco, el yogur, el jugo de lima y la salsa de pescado y procesar hasta obtener una mezcla homogénea. Agregar, mientras se revuelve, la cáscara de lima y la pimienta negra. Servir con los bocadillos tibios. **24 unidades**

4

BOCADILLOS *de* PESCADO *con* PEPINO

500 g/1 lb de filetes de pescado sin espinas
3 cucharadas de curry rojo tailandés en pasta
2 cucharadas de cilantro fresco picado
1 cucharada de hojas de albahaca fresca
1 clara
90 g/3 oz de judías verdes, finamente picadas
2 hojas de lima kaffir, en hebras (opcional)
aceite para freír

ADEREZO DE PEPINO

1 pepino, sin semillas y picado
1 chile rojo fresco, picado
1 cucharada de azúcar
2 cucharadas de vinagre de arroz
1 cucharada de agua
1 cucharada de maníes tostados, picados
(opcional)

1. Colocar en el procesador el pescado, el curry, el cilantro, la albahaca y la clara; procesar hasta formar una pasta espesa. Pasarla a un bol, agregar las judías verdes y la lima kaffir (si se usa) e integrar. Tapar y llevar al refrigerador 1 hora.

2. Para el aderezo, combinar en un recipiente el pepino, el chile, el azúcar, el vinagre, el agua y los maníes (si se usan). Tapar y refrigerar hasta el momento de servir.

3. Con las manos humedecidas o ligeramente aceitadas tomar 2 cucharadas de la mezcla de pescado, formar una esfera y aplanarla. Repetir con la mezcla restante.

4. Calentar 2 $^1/_2$ cm/1 in de aceite en una sartén a fuego vivo y cocinar los bocadillos de pescado, de a pocos por vez, 2 minutos de cada lado o hasta que estén bien dorados. Escurrir sobre papel absorbente y servir calientes, con el aderezo. **12-14 unidades**

ADILLOS DE
ON PEPINO

El vinagre de arroz se obtiene a partir de arroz fermentado, por lo general, es más suave que los vinagres occidentales. Si no lo consigue puede reemplazarlo por vinagre blanco o de sidra.

Bocadillos, sopas y entradas

► *Los hongos ostra o abalones son unos de los más apreciados en la cocina asiática; en Occidente se consiguen en latas. Su color varía desde el blanco hasta el gris o el rosado pálido, su forma es parecida a la de una conchilla y tienen un sabor delicado. No deben comerse crudos, ya que en ese estado pueden provocar reacciones alérgicas en algunas personas.*

SOPA AGRIPICANTE
de MARISCOS

4 chalotes rojos o dorados, rebanados
2 chiles verdes frescos, picados
6 hojas de lima kaffir
4 tajadas de jengibre fresco
8 tazas/2 litros/3 ½ pt de caldo de pescado, pollo o verduras
250 g/8 oz de filetes de pescado firme, en trozos gruesos
12 langostinos medianos crudos, pelados y desvenados

12 mejillones o almejas, cepillados y sin las barbas
125 g/4 oz de hongos ostra o abalones
3 cucharadas de jugo de lima
2 cucharadas de salsa de pescado tailandesa (nam pla)
hojas de cilantro fresco
gajos de lima

1 Colocar en una cacerola los chalotes, los chiles, la lima kaffir, el jengibre y el caldo y llevar a hervor. Bajar el fuego y cocinar 3 minutos.

2 Añadir el pescado, los langostinos, los mejillones y los hongos y cocinar 3-5 minutos o hasta que el pescado y los mariscos estén cocidos; descartar los mejillones que no se abran.

3 Agregar, revolviendo, el jugo de lima y la salsa de pescado. Distribuir la sopa en cuencos, adornar con hojas de cilantro y acompañar con gajos de lima. **6 porciones**

SOPA *de* CAMOTE ANARANJADO

6 tazas/1,5 litro/2 $^1/_2$ pt de caldo de pollo
3 tallos de hierba limón fresca, machacados,
o 1 $^1/_2$ cucharadita de hierba limón seca,
hidratada en agua caliente
3 chiles rojos frescos, en mitades
10 tajadas de galanga fresca o envasada
o jengibre fresco
5-6 plantas de coriandro enteras, limpias,
separadas las hojas
1 camote anaranjado grande, pelado y cortado
en trozos de 2 cm/$^3/_4$ in
$^3/_4$ taza/185 ml/6 fl oz de crema de coco
1 cucharada de salsa de pescado tailandesa
(nam pla)

1 Colocar en una cacerola el caldo, la hierba limón, los chiles, la galanga o jengibre y las raíces del coriandro; llevar a hervor sobre fuego medio. Agregar el camote anaranjado y cocinar lentamente, sin tapar, 15 minutos o hasta que esté tierno.

2 Descartar la hierba limón, la galanga o jengibre y las raíces de coriandro. Dejar enfriar un poco el contenido de la cacerola, colocarlo por tandas en el procesador o licuadora y procesar hasta lograr una textura lisa. Pasar la sopa a una cacerola limpia y agregar, revolviendo, $^1/_2$ taza/125 ml/4 fl oz de crema de coco y la salsa de pescado. Llevar sobre fuego medio y revolver 4 minutos o hasta calentar. Mezclar con $^2/_3$ de las hojas del coriandro.

3 Repartir en recipientes individuales, verter un poco de la crema de coco restante en cada uno y esparcir el resto de las hojas de cilantro.
4 porciones

El coriandro es uno de los ingredientes que otorgan a la comida tailandesa su sabor particular. Sus raíces se emplean tanto frescas como secas y molidas; también se usan sus hojas frescas, que reciben el nombre de cilantro. Las plantas enteras se pueden adquirir en verdulerías.

ENSALADA

ENSALADA *de* CARNE

500 g/1 lb de carne tierna de res
185 g/6 oz de hojas de lechugas surtidas
185 g/6 oz de tomates cherry, en mitades
2 pepinos, pelados y picados
2 cebollas rojas, rebanadas
3 cucharadas de hojas de menta fresca

ALIÑO DE LIMA Y CILANTRO

1 tallo de hierba limón fresca, picado,
o 1 cucharadita de cáscara de limón finamente
rallada
3 cucharadas de hojas de cilantro fresco
1 cucharada de azúcar morena
2 cucharadas de jugo de lima
3 cucharadas de salsa de soja liviana
2 cucharadas de salsa de chile dulce
2 cucharadas de salsa de pescado tailandesa
(nam pla)

1   Calentar una sartén o plancha a fuego vivo, agregar la carne y cocinar 1-2 minutos de cada lado o hasta alcanzar el punto que se desee. Dejar enfriar.

2   Acomodar de manera atractiva en una fuente las lechugas, los tomates, los pepinos, las cebollas y la menta.

3   Para el aliño, combinar en un tazón la hierba limón o la cáscara rallada, el cilantro, el azúcar, el jugo de lima y las salsas de soja, de chile y de pescado.

4   Cortar la carne en tajadas finas, disponerlas sobre la ensalada, rociar con el aliño y servir.
4 porciones

En la cocina tailandesa la presentación tiene gran importancia, y una ensalada puede ser un espectacular centro de mesa. Es tradicional presentar las ensaladas en fuentes planas, no en cuencos, para que se puedan apreciar todos los detalles del arreglo de los ingredientes.

> *Para limpiar los calamares, tire de los tentáculos y extraiga junto con ellos el estómago y la bolsa de tinta; corte para separar y descarte el estómago y la bolsa. Lave bien los tentáculos. Lave los tubos y quíteles la piel. Para esta receta, use los tubos enteros y, si lo desea, agregue los tentáculos en trozos pequeños.*

ENSALADA
de CALAMARES

1 cucharada de aceite de chile
1 cucharada de cáscara de limón finamente rallada
2 cucharaditas de granos de pimienta negra machacados
500 g/1 lb de tubos de calamares pequeños, limpios
30 g/1 oz de hojas de albahaca fresca
30 g/1 oz de hojas de menta fresca
30 g/1 oz de hojas de cilantro fresco

ALIÑO DE LIMÓN Y CHILE

1 chile verde fresco, picado
2 cucharadas de azúcar morena
3 cucharadas de jugo de limón
2 cucharadas de salsa de soja liviana

1 En una fuente poco profunda mezclar el aceite, la cáscara de limón y los granos de pimienta. Agregar los calamares y marinar 30 minutos.

2 Sobre una bandeja hacer un lecho con la albahaca, la menta y el cilantro. Cubrir con film y refrigerar hasta servir.

3 Para hacer el aliño, mezclar en un tazón el chile, el azúcar, el jugo de limón y la salsa de soja.

4 Precalentar una barbacoa, plancha o sartén y cocinar los calamares 30 segundos de cada lado o hasta que estén tiernos (para evitar que resulten duros, cuidar que no se pasen de punto). Disponerlos sobre las hierbas y rociar con el aliño. **4 porciones**

POLLO *con* JALEA *de* CHILE

2 cucharadas de aceite
3 pechugas o 4 muslos de pollo deshuesados, en tiras finas
4 chalotes rojos o dorados, picados
185 g/6 oz de brócoli, picado
125 g/4 oz de comelotodos, en mitades
60 g/2 oz de castañas de Cajú, tostadas sin sal
2 cucharadas de salsa de soja liviana

JALEA DE CHILE

2 cucharadas de aceite
4 chiles rojos frescos, rebanados
1 cucharada de jengibre fresco rallado grueso
1 cucharadita de pasta de camarones
$^1/_3$ taza/90 g/3 oz de azúcar
$^1/_3$ taza/90 g/3 fl oz de agua
2 cucharadas de jugo de lima

1   Para la jalea de chile, calentar el aceite en un wok a fuego medio, agregar los chiles, el jengibre y la pasta de camarones y saltear 1 minuto o hasta dorar. Añadir, mientras se revuelve, el azúcar, el agua y el jugo de lima y cocinar 3 minutos o hasta que la mezcla espese. Retirar y reservar.

2   En el wok limpio a fuego vivo calentar el aceite 1 minuto. Incorporar el pollo y los chalotes y saltear 3 minutos o hasta dorar ligeramente.

3   Agregar el brócoli, los comelotodos, las castañas de Cajú y la salsa de soja y saltear 3 minutos más o hasta que las verduras cambien de color y estén cocidas.

4   Para servir, colocar la preparación de pollo en una fuente y cubrir con la jalea de chiles.
4 porciones

Acompañe este sabroso platillo con arroz jazmín al vapor. Si lo prefiere, ofrezca la jalea de chile por separado, para que cada comensal se sirva a gusto.

POLLO CON JALEA DE CHILE

CARNE *a la* PIMIENTA

2 cucharadas de aceite
2 dientes de ajo, machacados
1 chile verde fresco, picado
500 g/1 lb de carne tierna de res, rebanada
1 cucharada de granos de pimienta verde
en salmuera, escurridos y apenas triturados
1 pimiento verde, picado
3 cucharadas de hojas de cilantro fresco
1/3 taza/90 ml/3 fl oz de leche de coco

2 cucharaditas de salsa de pescado tailandesa
(nam pla)

1 Calentar el aceite en un wok a fuego fuerte.
   Agregar el ajo y el chile y cocinar 1 minuto.
   Añadir la carne y la pimienta y saltear
   3 minutos o hasta que la carne esté dorada.

2 Incorporar el pimiento verde, el cilantro,
   la leche de coco y la salsa de pescado; revolver
   y cocinar 2 minutos más. **4 porciones**

La pimienta en grano, ingrediente tradicional de la cocina tailandesa, era la que daba calor a los platillos antes de que los portugueses introdujeran los chiles. En este salteado picantito, la pimienta verde se combina con chiles y ambos ingredientes favoritos se lucen al máximo.

LANGOSTINOS
y OSTIONES *con* COCO

1 kg/2 lb de langostinos grandes crudos,
pelados y desvenados, con las colas intactas
3 claras, ligeramente batidas
90 g/3 oz de coco en hebras
aceite para freír
1 cucharada de aceite de maní
4 chiles rojos frescos, sin semillas y rebanados
2 chiles verdes pequeños, frescos, sin semillas
y rebanados
2 dientes de ajo, machacados
1 cucharada de jengibre fresco rallado grueso
3 hojas de lima kaffir, en hebras
375 g/12 oz de ostiones
125 g/4 oz de hojas o brotes de comelotodos
2 cucharadas de azúcar de palma o morena
$^{1}/_{4}$ taza/60 ml/2 fl oz de jugo de lima

2 cucharadas de salsa de pescado tailandesa
(nam pla)

1 Sumergir los langostinos en las claras y luego
cubrirlos con el coco. En una cacerola grande
calentar abundante aceite hasta que un cubo
de pan se dore en 50 segundos; cocinar los
langostinos, por tandas, 2-3 minutos o hasta
que estén dorados y crujientes. Escurrir sobre
papel absorbente y mantener al calor.

2 En un wok calentar el aceite de maní a fuego
vivo; agregar los chiles, el ajo, el jengibre
y la lima kaffir y saltear 2-3 minutos, hasta que
despida aroma.

3 Incorporar los ostiones y saltear 3 minutos
o hasta que estén opacos. Agregar los
langostinos fritos, las hojas o brotes de
comelotodos, el azúcar, el jugo de lima
y la salsa de pescado y saltear 2 minutos
o hasta calentar. **6 porciones**

Si no se dispone de hojas o brotes de comelotodos, el berro es una buena
alternativa para esta receta.

SALTEADO DE PATO

► *El brócoli chino (gai lum) es una popular verdura asiática. Tiene hojas de color verde oscuro y tallos firmes, con pequeñas flores blancas. Aunque todas esas partes sirven para cocinar, los tallos son más apreciados. Para prepararlo, separe las hojas de los tallos, pélelos y luego pique todo junto.*

SALTEADO *de* PATO *con* VERDURAS

1,2 kg/2 ¹/₂ lb de pato chino asado o al horno
2 cucharaditas de aceite
1 cucharada de curry rojo tailandés en pasta
1 cucharadita de pasta de camarones
1 tallo de hierba limón fresca, finamente picado,
o ¹/₂ cucharadita de hierba limón seca, hidratada
en agua caliente
4 chiles rojos frescos
1 atado de brócoli chino (gai lum) o acelga, picado
1 cucharada de azúcar de palma o morena
2 cucharadas de concentrado de tamarindo
1 cucharada de salsa de pescado tailandesa
(nam pla)

1 Rebanar la carne del pato, sin retirar la piel, y luego cortar en bocados. Reservar todo el jugo que pueda recuperarse.

2 Calentar el aceite en un wok a fuego medio. Añadir el curry, la pasta de camarones, la hierba limón y los chiles y saltear 3 minutos o hasta que despida aroma.

3 Agregar el pato y el jugo reservado y saltear 2 minutos o hasta que se impregne con la mezcla de especias y esté caliente. Incorporar el brócoli o la acelga, el azúcar, el tamarindo y la salsa de pescado y saltear 3-4 minutos o hasta que el brócoli pierda rigidez.
4 porciones

Salteados

En Tailandia se come con cucharas y tenedores. Igual que nosotros, los tailandeses utilizan palillos chinos sólo cuando consumen comida china.

SALTEADO *de* CERDO *y* CALABAZA

2 cucharadas de curry rojo tailandés en pasta
2 cebollas, en aros finos
2 cucharaditas de aceite
500 g/1 lb de carne de cerdo magra, en tiras
500 g/1 lb de calabaza butternut, pelada y cortada en cubos de 2 cm/$^3/_4$ in
4 hojas de lima kaffir, en hebras
1 cucharada de azúcar de palma o morena
2 tazas/500 ml/16 fl oz de leche de coco
1 cucharada de salsa de pescado tailandesa (nam pla)

1 Colocar el curry en un wok y revolver sobre fuego fuerte 2 minutos o hasta que resulte fragante. Agregar las cebollas y cocinar 2 minutos más o hasta que estén tiernas. Retirar y reservar.

2 Calentar el aceite en el mismo wok y saltear el cerdo 3 minutos o hasta que esté dorado. Retirar y reservar.

3 Agregar al recipiente la calabaza, la lima kaffir, el azúcar, la leche de coco y la salsa de pescado y cocinar 2 minutos a fuego lento. Incorporar la preparación de curry, mezclar y cocinar 5 minutos más a fuego lento. Colocar de nuevo el cerdo en el wok y cocinar 2 minutos o hasta calentar. **4 porciones**

CERDO *con* AJO *y* PIMIENTA

2 cucharadas de aceite
4 dientes de ajo, en láminas
1 cucharada de granos de pimienta negra machacados
500 g/1 lb de carne de cerdo magra, en tiras
1 atado/500 g/1 lb de bok choy baby, picado
4 cucharadas de hojas de cilantro fresco
2 cucharadas de azúcar de palma o morena
2 cucharadas de salsa de soja liviana
2 cucharadas de jugo de lima

1 Calentar el aceite en un wok o sartén a fuego medio, agregar el ajo y la pimienta y saltear 1 minuto. Incorporar el cerdo y saltear 3 minutos o hasta dorar.

2 Agregar el bok choy, el cilantro, el azúcar, la salsa de soja y el jugo de lima y saltear 3-4 minutos o hasta que el cerdo y el bok choy estén tiernos. **4 porciones**

El bok choy también se conoce como acelga china, buck choy o pak choy. Su altura varía entre 10-30 cm/4-12 in; para esta receta, use la variedad más pequeña. Tiene un sabor suave, parecido al de la col, y en este caso puede reemplazarse por ella.

IMIENTA

MELÓN AMARGO SALTEADO

1 melón amargo mediano, pelado, sin semillas y cortado en tajadas de 1 cm/$^1/_2$ in

2 cucharadas de sal

1 cucharada de aceite

3 cucharadas de camarones secos pequeños

6 chalotes rojos o dorados, rebanados

2 dientes de ajo, en láminas

2 tallos de hierba limón, finamente picados, o 1 cucharadita de cáscara de limón finamente rallada

3 chiles verdes frescos, rebanados finos

1 papaya roja pequeña, en cubos de 3 cm/1 $^1/_4$ in

125 g/4 oz de comelotodos, en mitades

1 cucharada de concentrado de tamarindo

1 Frotar con sal las tajadas de melón y dejar reposar en un colador 30 minutos. Enjuagar con agua fría y escurrir bien.

2 Calentar el aceite en un wok a fuego medio, agregar los camarones secos, los chalotes, el ajo y la hierba limón o la cáscara y saltear 4 minutos o hasta que los chalotes estén dorados.

3 Incorporar los chiles y el melón y saltear 4 minutos o hasta que el melón esté tierno. Agregar la papaya, los comelotodos y el tamarindo y saltear 2 minutos o hasta que los comelotodos estén tiernos.
4 porciones

Este salteado queda sensacional sobre un lecho de fideos celofán y con cebollas fritas por encima. El melón amargo se parece a un pepino de cáscara rugosa; siempre hay que curarlo con sal antes de cocinarlo, para quitarle el exceso de amargor.

El salteado es un método muy rápido –estos platillos no llevan más de 10 minutos–, por eso es importante que todos los ingredientes estén listos, ya cortados o picados, antes de iniciar la cocción.

BERENJENAS SALTEADAS con ALBAHACA

3 berenjenas, cortadas por el medio a lo largo
y luego en tajadas de 1 cm/$^1/_2$ in
abundante sal
1 cucharada de aceite
2 cebollas, en cascos, con las capas separadas
3 chiles rojos frescos, picados
2 dientes de ajo, en láminas
1 tallo de hierba limón fresca, picado,
o $^1/_2$ cucharadita de hierba limón seca,
hidratada en agua caliente
250 g/8 oz de judías verdes, despuntadas

1 taza/250 ml/8 fl oz de crema de coco
45 g/1 $^1/_2$ oz de hojas de albahaca fresca

1 Colocar las berenjenas en un colador, espolvorear con sal y dejar reposar 20 minutos. Enjuagar con agua fría y secar con papel absorbente.

2 Calentar el aceite en un wok o sartén a fuego vivo, agregar las cebollas, los chiles, el ajo y la hierba limón y saltear 3 minutos. Incorporar las berenjenas, las judías verdes y la crema de coco y saltear 5 minutos o hasta que las berenjenas estén tiernas. Agregar la albahaca y mezclar. **6 porciones**

SALTEADO DE LANGOSTINOS

El tamarindo es la vaina grande del árbol del mismo nombre o datilero indio. Después de cosecharlas se las pela, se les quitan las semillas y se las prensa para obtener una pulpa marrón, que se envasa así o se deshidrata parcialmente hasta lograr el concentrado. En tiendas de comestibles indios están disponibles la pulpa y el concentrado. En Oriente se utiliza como agente acidificante. Si no lo consigue, reemplácelo por una mezcla de jugo de lima o limón y melaza.

SALTEADO
de LANGOSTINOS
y TAMARINDO

2 cucharadas de pulpa de tamarindo
$1/_2$ taza/125 ml/4 fl oz de agua
2 cucharaditas de aceite
3 tallos de hierba limón fresca, picados,
o 2 cucharaditas de cáscara de limón finamente rallada

2 chiles rojos frescos, picados
500 g/1 lb de langostinos crudos medianos, pelados y desvenados, con las colas intactas
2 mangos verdes (sin madurar), pelados y rebanados finos
3 cucharadas de cilantro fresco picado
2 cucharadas de azúcar morena
2 cucharadas de jugo de lima

1 Colocar la pulpa de tamarindo y el agua en un recipiente y dejar reposar 20 minutos. Colar, reservar el líquido y descartar los sólidos.

2 Calentar el aceite en un wok o sartén a fuego fuerte, añadir la hierba limón o la cáscara rallada y los chiles y saltear 1 minuto. Incorporar los langostinos y saltear 2 minutos más o hasta que cambien de color.

3 Agregar los mangos, el cilantro, el azúcar, el jugo de lima y el líquido del tamarindo y saltear 5 minutos o hasta que los langostinos estén cocidos. **4 porciones**

MEJILLONES *con* VINAGRE *de* COCO

1,5 kg/3 lb de mejillones en sus valvas
6 plantas de coriandro enteras, picadas
groseramente
3 tallos de hierba limón fresca, machacados,
o 1 $1/_2$ cucharadita de hierba limón seca,
hidratada en agua caliente
1 trozo de 5 cm/2 in de jengibre fresco,
rallado grueso
$1/_2$ taza/125 ml/4 fl oz de agua
1 cucharada de aceite
1 cebolla roja, cortada por el medio
y luego rebanada
2 chiles rojos frescos, rebanados
2 cucharadas de vinagre de coco
hojas de cilantro fresco

1 Colocar los mejillones, el coriandro, la hierba limón, el jengibre y el agua en un wok a fuego vivo. Tapar y cocinar 5 minutos o hasta que los mejillones se abran. Descartar los que permanezcan cerrados. Apartar los mejillones y desechar los aromáticos. Colar el líquido de cocción y reservarlo.

2 Calentar el aceite en un wok a fuego medio y saltear la cebolla y los chiles 3 minutos o hasta que se ablanden. Agregar los mejillones, el líquido reservado y el vinagre de coco y saltear 2 minutos o hasta que se calienten los mejillones. Esparcir hojas de cilantro y servir. **4 porciones**

Este platillo queda muy bien con fideos al huevo, hervidos y cubiertos con hojas de cilantro y los jugos del wok. El vinagre de coco se obtiene a partir de la savia del cocotero. Se vende en tiendas de comestibles orientales y se puede reemplazar por cualquier vinagre suave.

PATO *con* CARDAMOMO *y* NARANJA

1,5 kg/3 lb de pato chino asado o al horno
3 tazas/750 ml/1 ¹/₄ pt de caldo de pollo
2 chiles rojos pequeños, frescos, en mitades
1 trozo de 3 cm/1 ¹/₄ in de galanga o jengibre
frescos, rebanados, o 5 tajadas de galanga
envasada
2 tallos de hierba limón fresca en trozos de
3 cm/1 ¹/₄ in, machacados, o 1 cucharadita
de hierba limón seca, hidratada en agua caliente
6 plantas de coriandro enteras, los tallos
y raíces separados de las hojas
6 vainas de cardamomo, machacadas
4 hojas de lima kaffir, en trozos
cáscara y gajos de 1 naranja grande
1 cucharada de aceite
2 cucharaditas de pasta de camarones
2 cucharaditas de curry rojo tailandés en pasta
1 diente de ajo, finamente picado
1 cucharada de azúcar de palma o morena
2 cebollas de rabo, en tiras finas

1   Cortar la carne del pato en bocados, reservar
    los huesos y la piel y recuperar el jugo. Colocar
    en una cacerola los huesos, la piel, el jugo,
    el caldo, los chiles, la galanga o jengibre,
    la hierba limón, los tallos y raíces del coriandro,
    el cardamomo, la lima kaffir y la cáscara
    de naranja. Llevar a hervor, bajar el fuego
    y cocinar 15 minutos, sin tapar. Colar, reservar
    el líquido y descartar los sólidos.

2   Calentar el aceite en un wok o cacerola grande
    a fuego medio. Agregar la pasta de camarones,
    el curry y el ajo; revolver 1-2 minutos o hasta
    que se torne fragante.

3   Incorporar las presas de pato y revolver para
    que se impregnen con las especias. Agregar
    el líquido reservado y cocinar a fuego lento
    3-4 minutos o hasta que se reduzca un poco.
    Añadir los gajos de naranja, las hojas
    de cilantro y el azúcar y mezclar. Servir con las
    tiras de cebolla por encima.   **4 porciones**

*El pato chino asado o al horno se puede comprar
en tiendas de comestibles orientales que venden
carne. Si no lo consigue, prepare esta receta con
pato común.*

PATO CON CARDAMOMO Y NARANJA

► *Los curries tailandeses en pasta son mezclas de hierbas y especias molidas que vale la pena preparar en casa, pues requieren poco esfuerzo.*

CURRY VERDE TAILANDÉS

1 cucharada de aceite
2 cebollas, picadas
3 cucharadas de curry verde tailandés en pasta
1 kg/2 lb de muslos o pechugas de pollo deshuesados, picados
4 cucharadas de hojas de albahaca fresca
6 hojas de lima kaffir, en hebras

2 $^1/_2$ tazas/600 ml/1 pt de leche de coco
2 cucharadas de salsa de pescado tailandesa (nam pla)
hojas de albahaca fresca extra

1 Calentar el aceite en una cacerola a fuego fuerte y cocinar las cebollas 3 minutos o hasta dorar. Agregar el curry, revolver y cocinar 2 minutos o hasta que esté fragante.

2 Incorporar el pollo, la albahaca, la lima kaffir, la leche de coco y la salsa de pescado y llevar a hervor. Bajar la llama y cocinar a fuego lento 12-15 minutos o hasta que el pollo esté tierno y la salsa, espesa. Servir adornado con albahaca. **6 porciones**

Curries

Las berenjenas guisante son diminutas berenjenas verdes de un tamaño similar al de los guisantes; por lo general se venden sin separarlas de sus tallos trepadores. Se consumen enteras, crudas o cocidas, y tienen sabor amargo. Si no las encuentra, utilice guisantes en su reemplazo.

CURRY *de* BERENJENAS GUISANTE

6 raíces de coriandro frescas
2 tallos de hierba limón fresca, en tajadas finas, o 1 cucharadita de hierba limón seca, hidratada en agua caliente
6 hojas de lima kaffir, en hebras
2 cucharadas de azúcar de palma o morena
3 tazas/750 ml/1 1/4 pt de agua
3 cucharadas de salsa de pescado tailandesa (nam pla)
2 cucharaditas de aceite de maní
3 chiles verdes pequeños, frescos, en juliana (opcional)
1 trozo de 5 cm/2 in de jengibre fresco, rallado grueso
2 cucharaditas de curry verde tailandés en pasta

220 g/7 oz de berenjenas guisante
220 g/7 oz de judías verdes cordón o comunes, en trozos de 2 1/2 cm/1 in
440 g/14 oz de tomates en lata, escurridos y picados
2 cucharadas de concentrado de tamarindo
60 g/2 oz de hojas de menta fresca

1 Colocar en una olla las raíces de coriandro, la hierba limón, la lima kaffir, el azúcar, el agua y la salsa de pescado y llevar a hervor. Bajar el fuego y cocinar 10 minutos. Colar, descartar los sólidos y reservar el caldo.

2 Calentar el aceite en un wok o cacerola grande a fuego medio, agregar los chiles (si se usan), el jengibre y el curry y saltear 2-3 minutos o hasta que se perciba la fragancia. Incorporar las berenjenas y las judías y revolver para que se impregnen con las especias. Verter el caldo reservado y cocinar a fuego lento 10 minutos o hasta que los vegetales estén tiernos. Agregar los tomates y el tamarindo y cocinar a fuego lento 3 minutos o hasta calentar. Mezclar con la menta. **4 porciones**

CURRY *de* CHILE VERDE *y* LANGOSTINOS

1 cucharada de aceite
1,5 kg/3 lb de langostinos crudos medianos, pelados y desvenados; reservar los caparazones y las cabezas
2 tallos de hierba limón fresca, machacados, o 1 cucharadita de hierba limón seca, hidratada en agua caliente
2 chiles verdes largos, frescos, en mitades
1 trozo de 4 cm/1 $1/_2$ in de galanga o jengibre frescos, o 6 tajadas de galanga envasada
3 tazas/750 ml/1 $1/_4$ pt de agua
2 cucharaditas de curry verde tailandés en pasta
1 pepino, sin semillas y cortado en tiras finas
5 chiles verdes frescos, enteros (opcional)
1 cucharada de azúcar de palma o morena
2 cucharadas de salsa de pescado tailandesa (nam pla)
1 cucharada de vinagre de coco
2 cucharaditas de concentrado de tamarindo

1 Calentar 2 cucharaditas de aceite en una cacerola a fuego medio, añadir los caparazones y cabezas de los langostinos y revolver 3-4 minutos o hasta que cambien de color.

2 Agregar la hierba limón, los chiles en mitades, la galanga o jengibre y el agua y llevar a hervor. Romper la galanga o el jengibre con una cuchara de madera, bajar la llama y cocinar 10 minutos a fuego lento. Colar, descartar los sólidos y reservar el caldo.

3 Calentar el resto del aceite en un wok o cacerola a fuego medio y saltear el curry 2-3 minutos o hasta que se perciba la fragancia.

4 Incorporar los langostinos, el pepino, los chiles enteros (si se usan), el azúcar, el caldo reservado, la salsa de pescado, el vinagre y el tamarindo y cocinar, revolviendo, 4-5 minutos o hasta que los langostinos cambien de color y estén cocidos. **4 porciones**

La hierba limón fresca se consigue en tiendas de comestibles orientales y en algunos supermercados y verdulerías. También está disponible seca; si usa ésta, antes de incorporarla a la preparación remójela en agua caliente 20 minutos o hasta que se ablande. En los supermercados venden hierba limón envasada, que se emplea del mismo modo que la fresca.

Curries

En Tailandia es costumbre servir los curries sobre arroz moldeado, que absorbe el abundante líquido del curry y toma su sabor. Los arroces fragantes como el jazmín y el basmati son complementos perfectos para los curries tailandeses.

CURRY ROJO *de* CARNE

1 taza/250 ml/8 fl oz de crema de coco
3 cucharadas de curry rojo tailandés en pasta
500 g/1 lb de carne tierna de res, en cubos
155 g/5 oz de berenjenas guisante,
o 1 berenjena, en cubos
220 g/7 oz de brotes de bambú en lata, rebanados
6 hojas de lima kaffir, machacadas
1 cucharada de azúcar morena
2 tazas/500 ml/16 fl oz de leche de coco
2 cucharadas de salsa de pescado tailandesa
(nam pla)
3 cucharadas de hojas de cilantro fresco
2 chiles rojos frescos, picados

1 Colocar la crema de coco en una cacerola, llevar a hervor fuerte y mantenerlo hasta que la crema suelte aceite, se reduzca y espese ligeramente. Agregar el curry, revolver y hervir 2 minutos más o hasta que despida aroma.

2 Incorporar la carne, las berenjenas guisante o la berenjena, los brotes de bambú, la lima kaffir, el azúcar, la leche de coco y la salsa de pescado. Tapar y cocinar a fuego lento 35-40 minutos o hasta que la carne esté tierna. Mezclar con el cilantro y los chiles. **4 porciones**

CURRY *de* CARNE *con* CASTAÑAS *de* CAJÚ

1 trozo de 3 cm/1 $^1/_4$ in de galanga o jengibre frescos, picado, o 5 tajadas de galanga envasada, picadas
1 tallo de hierba limón fresca, rebanado fino,
o $^1/_2$ cucharadita de hierba limón seca, hidratada en agua caliente
3 hojas de lima kaffir, en hebras

2 chiles rojos pequeños, frescos, sin semillas y picados
2 cucharaditas de pasta de camarones
2 cucharadas de salsa de pescado tailandesa (nam pla)
1 cucharada de jugo de lima
2 cucharadas de aceite de maní
4 chalotes rojos o dorados, rebanados
2 dientes de ajo, picados
3 chiles rojos pequeños, frescos, rebanados
500 g/1 lb de carne tierna de res, en cubos de 2 cm/$^3/_4$ in
2 tazas/500 ml/16 fl oz de caldo de res
250 g/8 oz de quimbombóes, despuntados
60 g/2 oz de castañas de Cajú, groseramente picadas
1 cucharada de azúcar de palma o morena
2 cucharadas de salsa de soja liviana

1 Colocar en el procesador la galanga o jengibre, la hierba limón, la lima kaffir, los chiles picados, la pasta de camarones, la salsa de pescado y el jugo de lima y procesar hasta obtener una pasta; agregar un poco de agua si fuera necesario.

2 Calentar 1 cucharada de aceite en un wok o cacerola grande a fuego medio. Añadir los chalotes, el ajo, los chiles en tajadas y la pasta procesada y cocinar, revolviendo, 2-3 minutos. Pasar a un bol y reservar.

3 En el wok calentar el aceite restante a fuego vivo y saltear la carne, por tandas, hasta que se dore. Incorporar la preparación de especias, el caldo y los quimbombóes, revolver y llevar a hervor. Bajar el fuego y cocinar 15 minutos, revolviendo de tanto en tanto.

4 Agregar las castañas de Cajú, el azúcar y la salsa de soja y cocinar a fuego lento 10 minutos más o hasta que la carne esté tierna. **4 porciones**

CURRY ROJO

CARNE

La salsa de pescado nam pla es característica de la cocina tailandesa y aparece como condimento en muchos platillos. Los cocineros tailandeses se enorgullecen de preparar su propia salsa de pescado, la habilidad para hacerla es el sello de los chefs consagrados.

Para almacenar las plantas de coriandro enteras, coloque las raíces en un frasco de vidrio con 1 cm/$^1/_2$ in de agua, cubra sin ajustar con una bolsa plástica, asegúrela alrededor del frasco y guarde en el refrigerador. El cilantro y otras hierbas frescas que estén lozanas al comprarlas se conservan una semana si se acondicionan de este modo, sin lavarlas previamente.

CURRY *de* POLLO PHANAENG

2 tazas/500 ml/16 fl oz de leche de coco
3 cucharadas de curry rojo tailandés en pasta
500 g/1 lb de pechugas de pollo, rebanadas
250 g/8 oz de judías verdes cordón o comunes
3 cucharadas de maníes tostados sin sal, finamente picados
2 cucharaditas de azúcar de palma o morena
1 cucharada de salsa de pescado tailandesa (nam pla)
$^1/_2$ taza/125 ml/4 fl oz de crema de coco
2 cucharadas de hojas de albahaca fresca
2 cucharadas de hojas de cilantro fresco
chile rojo fresco, rebanado

1 Colocar la leche de coco en una cacerola a fuego fuerte, llevar a ebullición y hervir hasta que suelte aceite, se reduzca y espese ligeramente. Incorporar el curry, mientras se revuelve, y hervir 2 minutos o hasta que despida aroma.

2 Agregar el pollo, las judías, los maníes, el azúcar y la salsa de pescado y cocinar a fuego lento 5-7 minutos o hasta que el pollo esté tierno. Añadir la crema de coco, la albahaca y el cilantro y mezclar. Servir con tajadas de chile por encima.
4 porciones

POLLO *con* LIMA *y* COCO

1 kg/2 lb de muslos o pechugas de pollo, en tiras gruesas
1 cucharada de curry rojo tailandés en pasta
1 cucharada de aceite
3 cucharadas de azúcar de palma o morena
4 hojas de lima kaffir
2 cucharaditas de cáscara de lima finamente rallada
1 taza/250 ml/8 fl oz de crema de coco
1 cucharada de salsa de pescado tailandesa (nam pla)
2 cucharadas de vinagre de coco
3 cucharadas de coco en hebras
4 chiles rojos frescos, en tajadas

1 Colocar el pollo y el curry en un bol y remover. Calentar el aceite en un wok o cacerola grande a fuego vivo, incorporar el pollo y saltear 4-5 minutos o hasta que esté ligeramente dorado y aromático.

2 Agregar el azúcar, la lima kaffir, la cáscara de lima, la crema de coco y la salsa de pescado y cocinar, revolviendo sobre fuego medio, 3-4 minutos o hasta que el azúcar se disuelva y acaramele.

3 Añadir el vinagre y el coco, revolver y cocinar a fuego lento hasta que el pollo esté tierno. Servir los chiles en un cuenco aparte.
4 porciones

Para probar algo diferente, sirva este platillo con fideos al huevo.

CURRY DE POLLO PHANAENG

Al vapor, asado o frito

En los países del sudeste asiático y del Pacífico las hojas de plátano se usan igual que el papel de aluminio en los países occidentales. Si no las consigue puede utilizar este papel, pero el platillo terminado no tendrá el sabor que aportan las hojas y resultará un poco más seco.

PESCADO con SALSA de MANGO

4 filetes o postas de 185 g/6 oz de pescado firme
4 hojas de plátanos, blanqueadas
3 dientes de ajo, en láminas
1 cucharadita de jengibre fresco rallado grueso
2 hojas de lima kaffir, en hebras

SALSA DE MANGO VERDE

$^1/_2$ mango verde (sin madurar) pequeño, la pulpa rallada
3 chalotes rojos o dorados, picados
2 chiles rojos frescos, rebanados
1 cucharada de azúcar morena
$^1/_4$ taza/60 ml/2 fl oz de agua
1 cucharada de salsa de pescado tailandesa (nam pla)

1 Colocar un filete o posta de pescado en el centro de cada hoja de plátano. Distribuir encima el ajo, el jengibre y la lima kaffir, doblar las hojas y cerrar. Cocinar los paquetes en una barbacoa al carbón o en el horno durante 15-20 minutos o hasta que la carne del pescado se separe al probar con un tenedor.

2 Para hacer la salsa, colocar en una cacerola el mango, los chalotes, los chiles, el azúcar, el agua y la salsa de pescado y cocinar a fuego bajo, revolviendo, 4-5 minutos o hasta calentar.

3 Para servir, colocar los paquetes en los platos, cortar las hojas para que se vea el pescado y presentar con la salsa. **4 porciones**

Temperatura del horno 180ºC/350ºF/Gas 4 (opcional)

PESCADO FRITO con CHILES

2 pescados de 500 g/1 lb, indicados para freír, limpios y enteros
4 chiles rojos frescos, picados
4 raíces de coriandro frescas
3 dientes de ajo, machacados
1 cucharadita de granos de pimienta negra machacados
aceite para freír

...O CON CHILES

Este platillo es un centro de mesa admirable para una fiesta tailandesa.

SALSA DE CHILE ROJO

$^2/_3$ taza/170 g/5 $^1/_2$ oz de azúcar
8 chiles rojos frescos, rebanados
4 chalotes rojos o dorados, rebanados
$^1/_3$ taza/90 ml/3 fl oz de vinagre de coco
$^1/_3$ taza/90 ml/3 fl oz de agua

1 Realizar cortes oblicuos en ambas caras de cada pescado. Colocar en el procesador los chiles picados, las raíces de coriandro, el ajo y la pimienta y procesar hasta formar una pasta. Untar con ella los pescados, de ambos lados, y marinar 30 minutos.

2 Para preparar la salsa, colocar en una cacerola el azúcar, los chiles en tajadas, los chalotes, el vinagre y el agua y cocinar a fuego bajo, mientras se revuelve, hasta que el azúcar se disuelva. Hervir a fuego lento 4 minutos o hasta que espese, revolviendo de tanto en tanto.

3 Calentar abundante aceite en un wok o sartén honda hasta que un cubo de pan se dore en 50 segundos. Cocinar los pescados, de a uno, 2 minutos de cada lado o hasta que la carne se separe al probar con un tenedor. Escurrir sobre papel absorbente. Servir con la salsa.
6 porciones

MARISCOS *con* HIERBA LIMÓN

5 chalotes rojos o dorados, picados
4 tallos de hierba limón fresca en trozos
de 3 cm/1 ¹/₄ in, machacados, o 2 cucharaditas
de hierba limón seca, hidratada en agua caliente
3 dientes de ajo, machacados
1 trozo de 5 cm/2 in de jengibre fresco, rallado
grueso
3 chiles rojos frescos, sin semillas y picados
8 hojas de lima kaffir, en trozos
750 g/1 ¹/₂ lb de mejillones, cepillados
y sin las barbas
¹/₄ taza/60 ml/2 fl oz de agua
12 ostiones en sus valvas, limpios
1 cucharada de jugo de lima
1 cucharada de salsa de pescado tailandesa
(nam pla)
3 cucharadas de hojas de albahaca fresca

1 En un tazón mezclar los chalotes, la hierba limón, el ajo, el jengibre, los chiles y la lima kaffir.

2 Colocar los mejillones en un wok y cubrirlos con la mitad de la mezcla de chalotes. Verter el agua, tapar y cocinar 5 minutos a fuego fuerte.

3 Agregar los ostiones, el resto de la mezcla de chalotes, el jugo de lima, la salsa de pescado y la albahaca. Remover, tapar el wok y cocinar 4-5 minutos o hasta que los mariscos estén cocidos. Descartar los mejillones que no se abran. **4 porciones**

Sirva este manjar en la mesa directamente del wok y no deje de incluir en cada plato un poco de los deliciosos jugos de la cocción.

PESCADO CON LIMA Y AJO

En su mayoría, las cocinas occidentales cuentan con el equipamiento necesario para preparar comidas tailandesas. Todo lo que hace falta es un wok o sartén grande, varias cacerolas grandes, una procesadora o un mortero y, si es posible, una vaporera de bambú con tapa ajustada.

PESCADO con LIMA y AJO

1 pescado de 750 g/1 ¹/₂ lb, indicado para cocinar al vapor, limpio y entero
2 tallos de hierba limón fresca, picados, o 1 cucharadita de hierba limón seca, hidratada en agua caliente
4 tajadas de jengibre fresco
1 chile verde fresco, en mitades
4 hojas de lima kaffir, machacadas
8 plantas de coriandro enteras

SALSA DE LIMA Y AJO

2 chiles rojos frescos, sin semillas y picados
2 chiles verdes, sin semillas y picados
3 dientes de ajo, picados

1 cucharada de jengibre fresco, rallado grueso
1 taza/250 ml/8 fl oz de caldo de pescado o pollo
4 cucharadas de jugo de lima
1 cucharada de salsa de pescado tailandesa (nam pla)

1   Realizar profundos cortes oblicuos en ambos lados del pescado. Colocar en la cavidad la hierba limón, el jengibre, las mitades de chile, la lima kaffir y las plantas de coriandro.

3   Llenar un wok hasta la mitad con agua caliente y llevar a hervor. Colocar el pescado en una rejilla sobre el agua. Tapar el wok y cocinar al vapor 10-15 minutos o hasta que la carne del pescado se pueda atravesar con un tenedor.

4   Para hacer la salsa, colocar en una cacerolita los chiles, el ajo, el jengibre, el caldo, el jugo de lima y la salsa de pescado y cocinar 4 minutos a fuego lento. Servir el pescado en una fuente, bañado con la salsa.
4 porciones

Al vapor, asado o frito

Muchas especialidades tailandesas, como ésta
y otras de este capítulo y del capítulo de bocadillos
y entradas, son magníficas para la barbacoa.
Elija las que prefiera para una memorable
barbacoa de inspiración tailandesa y sírvalas
con una selección de ensaladas y salsas.
Otras recetas apropiadas para preparar
a la parrilla son el satay, el pescado con salsa
de mango verde, la carne asada especiada
y las costillas de cerdo a la parrilla.

POLLO ASADO al COCO

1 kg/2 lb de presas de pollo
4 chiles rojos frescos, picados
4 dientes de ajo, picados
3 raíces de coriandro frescas, picadas
2 tallos de hierba limón fresca, picados,
o 1 cucharadita de hierba limón seca, hidratada
en agua caliente
3 cucharadas de jugo de lima
2 cucharadas de salsa de soja liviana
1 taza/250 ml/8 fl oz de crema de coco
salsa de chile dulce

1   Disponer el pollo en una fuente de vidrio
    o cerámica. Colocar en el procesador los chiles,
    el ajo, las raíces de coriandro, la hierba limón,
    el jugo de lima y la salsa de soja y procesar
    hasta obtener una pasta. Mezclarla con la
    crema de coco y verter sobre el pollo.
    Marinar 1 hora.

2   Escurrir el pollo y reservar la marinada. Ubicar
    el pollo en una parrilla al carbón, en una
    barbacoa a gas o en el grill precalentado
    a mínimo. Cocinar, pincelando frecuentemente
    con la marinada, 25-30 minutos o hasta que
    esté tierno. Servir con salsa de chile.
    6 porciones

POLLO con AJO y PIMIENTA

4 dientes de ajo
3 raíces de coriandro frescas
1 cucharadita de granos de pimienta negra
triturados
500 g/1 lb de pechugas de pollo, en cubos
de 3 cm/1 ¹/₄ in
aceite para freír
30 g/1 oz de hojas de albahaca fresca
30 g/1 oz de hojas de menta fresca
salsa de chile dulce

1   Colocar en el procesador el ajo, las raíces
    de coriandro y la pimienta negra y procesar
    hasta obtener una pasta. Cubrir con ella el
    pollo y marinar 1 hora.

2   Calentar abundante aceite en un wok o sartén
    a fuego vivo hasta que un cubo de pan se dore
    en 50 segundos. Freír el pollo, por tandas,
    2 minutos o hasta que esté dorado y tierno.
    Escurrir sobre papel absorbente.

3   Freír la albahaca y la menta hasta que estén
    crujientes, escurrirlas y repartirlas en los
    platos. Disponer el pollo arriba y servir con
    salsa de chile. **4 porciones**

**Los cocineros tailandeses emplean tres tipos
de albahaca: la dulce asiática, la santa y la
alimonada; cada una tiene un sabor propio
y un uso específico. Para este platillo se
recomienda la albahaca asiática dulce,
conocida en Tailandia como horapa.**

PIMIENTA

En Tailandia es usual servir fideos a modo de bocadillos.

3 cucharadas de hojas de menta fresca
gajos de lima para acompañar

PAD THAI

315 g/10 oz de fideos de arroz, frescos o secos
2 cucharaditas de aceite
4 chalotes rojos o dorados, picados
3 chiles rojos frescos, picados
2 cucharadas de jengibre fresco rallado grueso
250 g/8 oz de pechugas de pollo deshuesadas, picadas
250 g/8 oz de langostinos medianos crudos, pelados y desvenados
60 g/2 oz de maníes tostados, picados
1 cucharada de azúcar
4 cucharadas de jugo de lima
2 cucharadas de salsa de soja liviana
3 cucharadas de salsa de pescado
125 g/4 oz de tofu, picado
60 g/2 oz de brotes de soja
4 cucharadas de hojas de cilantro fresco

1 Colocar los fideos en un bol y cubrirlos con agua hirviente. Dejarlos en remojo 2 minutos, si son frescos, y 5-6 minutos o hasta que estén blandos, si son secos. Escurrir bien y reservar.

2 Calentar el aceite en un wok o sartén a fuego fuerte, añadir los chalotes, los chiles y el jengibre y saltear 1 minuto. Agregar el pollo y los langostinos y saltear 4 minutos más o hasta que estén cocidos.

3 Incorporar los fideos, los maníes, el azúcar, el jugo de lima y las salsas de soja y de pescado; saltear 4 minutos o hasta calentar. Agregar el tofu, los brotes de soja, el cilantro y la menta, revolver y cocinar 1-2 minutos o hasta que todo esté caliente. Servir con gajos de lima. **4 porciones**

ARROZ FRITO *con* CHILE

2 cucharaditas de aceite
2 chiles rojos frescos, picados
1 cucharada de curry rojo tailandés en pasta
2 cebollas, rebanadas
1 ¹/₂ taza/330 g/10 ¹/₂ oz de arroz, cocido
125 g/4 oz de judías verdes cordón o comunes, picadas
125 g/4 oz de bok choy baby, blanqueado
3 cucharadas de jugo de lima
2 cucharadas de salsa de pescado tailandesa (nam pla)

1 Calentar el aceite en un wok o sartén a fuego vivo, añadir los chiles y el curry y saltear 1 minuto. Agregar las cebollas y saltear 3 minutos o hasta que estén tiernas.

2 Incorporar el arroz, las judías y el bok choy y saltear 4 minutos o hasta que el arroz esté caliente. Mezclar con el jugo de lima y la salsa de pescado. **4 porciones**

Esta receta es un buen recurso para aprovechar sobrantes de arroz cocido.

ARROZ FRITO CON CHILE

FIDEOS CELOFÁN
con CERDO

155 g/5 oz de fideos celofán
2 cucharaditas de aceite de ajonjolí
2 dientes de ajo, machacados
1 cucharada de jengibre fresco finamente rallado
500 g/1 lb de carne de cerdo molida
15 g/$^1/_2$ oz de hojas de menta fresca
15 g/$^1/_2$ oz de hojas de cilantro fresco
8 hojas de lechuga
5 chalotes rojos o dorados, picados
1 chile rojo fresco, rebanado
2 cucharadas de jugo de limón
1 cucharada de salsa de soja liviana

1   Colocar los fideos en un recipiente y cubrirlos
    con agua hirviente. Dejar reposar 10 minutos
    y luego escurrir bien.

2   Calentar el aceite en una sartén a fuego fuerte,
    agregar el ajo y el jengibre y saltear 1 minuto.
    Incorporar el cerdo y saltear 5 minutos o hasta
    que esté dorado y bien cocido.

3   Acomodar en una bandeja la menta, el cilantro,
    la lechuga, los chalotes, el chile y los fideos.
    Cubrir con la mezcla de cerdo y rociar con
    el jugo de limón y la salsa de soja.

    4 porciones

Los fideos celofán, también conocidos como fideos cristal o hilos de judías,
se elaboran con harina de soja y pueden ser redondos, como verticélli muy
delgados, o chatos, como fettuccine. Cuando están secos son muy duros y difíciles
de romper. Para facilitar su uso lo mejor es comprar una marca que los envase
en paquetes.

► *Las flores de calabaza son muy populares en México, donde se las utiliza de los modos más insospechados. Si bien los mexicanos prefieren las flores de calabaza amarilla brillante o de calabaza de invierno, las de calabacita son una alternativa aceptable. Sirva esta sopa favorita con gajos de lima.*

SOPA *de* FLOR AZTECA

2 cucharaditas de aceite
1 cebolla, picada muy fina
1 diente de ajo, machacado
2 cucharadas de arroz blanco
2 cucharaditas de mejorana fresca picada
2 cucharaditas de tomillo fresco picado
8 tazas/2 litros/3 ¹/₂ pt de caldo de pollo
12 flores de calabacita
440 g/14 oz de garbanzos cocidos o en lata, enjuagados y escurridos
250 g/8 oz de pollo cocido, picado
1 aguacate, rebanado
2 chiles jalapeños, rebanados
1 cucharada de hojas de cilantro fresco
¹/₄ cebolla, picada

1 En una cacerola calentar el aceite a fuego medio. Agregar la cebolla y el ajo y revolver 3 minutos o hasta que se ablanden. Incorporar el arroz, la mejorana, el tomillo y el caldo y cocinar 15 minutos a fuego lento.

2 Retirar los estambres y pistilos de las flores de calabacita y verificar que no haya ningún insecto entre los pétalos. Sumergirlas brevemente en agua para limpiarlas. Quitarles los tallos y reservarlas.

3 Incorporar a la sopa los garbanzos, el pollo y las flores; cocinar 3 minutos o hasta que las flores estén tiernas.

4 Repartir la sopa en cuencos. Completar con el aguacate, los chiles, el cilantro y la cebolla y servir. **6 porciones**

El chile ancho es el chile seco preferido por los cocineros mexicanos. De sabor suave a medianamente picante, es el chile poblano seco. Un trazo ondulado de crema agria y unos gajos de lima suman encanto a la presentación de este platillo.

CHILES RELLENOS
con QUESO FETA

6 chiles anchos

RELLENO DE QUESO FETA Y DE CABRA

500 g/l lb de queso feta, desmenuzado
185 g/6 oz de queso de cabra
4 cucharadas de cilantro fresco picado
1 cucharadita de comino molido
$^1/_3$ taza/90 ml/3 fl oz de jugo de limón

SALSA DE DOS TOMATES

250 g/8 oz de tomates cherry rojos, en mitades
250 g/8 oz de tomates cherry amarillos, en mitades
$^1/_2$ cebolla roja, rebanada
1 cucharada de menta fresca en fina juliana
granos de pimienta negra triturados

1 Colocar los chiles en un bol, cubrirlos con agua caliente y dejarlos en remojo 20 minutos para que se ablanden. Escurrirlos, hacer un corte pequeño en la parte superior de cada uno y retirar las semillas y las membranas.

2 Para el relleno, unir en un bol los quesos, el cilantro, el comino y el jugo de limón. Rellenar cuidadosamente los chiles con ayuda de una

cuchara. Disponerlos en un trasto para horno. Echar un poco de agua en el trasto y hornear 20 minutos o hasta que los chiles estén bien cocidos.

3 Para la salsa, combinar en un bol los tomates, las cebollas, la menta y pimienta a gusto. Para servir, poner un poco de salsa en cada plato y ubicar encima un chile relleno. **6 porciones**

Temperatura del horno 200ºC/400ºF/Gas 6

TORTILLAS RELLENAS
con CARNE

aceite para freír
8 tortillas de maíz

RELLENO DE CARNE

2 cucharaditas de chile en polvo
1 cucharadita de comino molido
$^1/_4$ taza/60 ml/2 fl oz de jugo de lima
500 g/1 lb de carne de res, desgrasada
2 cebollas rojas, rebanadas
$^1/_2$ manojo de cilantro fresco

1 Calentar el aceite en una sartén hasta que un cubo de pan se dore en 50 segundos. Sumergir las tortillas de a una, presionándolas entre dos cucharas grandes para que tomen forma cóncava; freír 1 minuto o hasta que estén crocantes. Escurrir sobre papel absorbente.

2 Para hacer el relleno, unir el chile en polvo, el comino y el jugo de lima en una fuente de vidrio o cerámica. Incorporar la carne, remover para que se impregne y marinar 5 minutos. Escurrirla y asarla en la barbacoa precalentada o en el grill 2-3 minutos o hasta alcanzar el punto que se desee. Dejar reposar 2 minutos, cortar en tiras y colocarlas en un bol. Añadir las cebollas y las hojas de cilantro y mezclar.

3 Distribuir el relleno en los cuencos de tortillas. Servir en el momento. **8 unidades**

Presente estos sabrosos bocadillos con salsas a elección y gajos de lima.

ENCHILADAS NUEVO MÉXICO

6 tortillas de maíz o de harina
$^1/_3$ taza/90 ml/3 fl oz de salsa de chile
45 g/1 $^1/_2$ oz de queso sabroso (cheddar maduro), rallado

RELLENO DE QUESO Y ESPINACA

2 cucharaditas de aceite
1 cebolla, picada
2 chiles frescos verdes o rojos, picados
1 cucharadita de semillas de comino
$^1/_2$ atado/250 g/8 oz de espinaca, sin tallos y cortada en fina juliana
3 tomates, pelados y picados
2 papas, cocidas y picadas
155 g/5 oz de queso feta, desmenuzado
125 g/4 oz de queso sabroso (cheddar maduro), rallado

1 Para preparar el relleno, calentar el aceite en una sartén antiadherente a fuego medio; agregar la cebolla, los chiles y el comino y revolver 4 minutos o hasta que la cebolla esté dorada y tierna. Incorporar la espinaca, los tomates y las papas y cocinar 4 minutos o hasta que la espinaca esté blanda y el resto de la mezcla, bien caliente. Agregar los quesos y revolver.

2 En una sartén sin materia grasa calentar las tortillas a fuego medio 20-30 segundos o hasta que estén bien calientes. Rociar una tortilla con un poco de salsa de chile y colocarla en un trasto para horno. Cubrir con una porción de relleno y superponer otra tortilla. Repetir hasta terminar las tortillas y el relleno. Esparcir el queso cheddar por encima y hornear 20 minutos o hasta que el queso se derrita y el relleno esté bien caliente. Para servir, cortar en porciones. **4 porciones**

Temperatura del horno 180ºC/350ºF/Gas 4

Las tortillas de maíz constituian el pan tradicional de los aztecas, los mayas y otros aborígenes mexicanos. Fuera de América Central y Sudamérica, las tortillas que están al alcance del consumidor son las de harina de maíz amarillo o azul y las de trigo.

ENCHILADAS NUEVO MÉXICO

En esta variante de un clásico mexicano, los chiles rellenos se hornean en lugar de freírse; así constituyen una opción más saludable y práctica para la cocina hogareña. Si no consigue chiles poblanos, elija otra variedad suave, como chiles Nuevo México o chiles plátano.

CHILES POBLANOS RELLENOS

12 chiles poblanos

RELLENO DE CARNE Y FRIJOLES

2 cucharaditas de aceite
1 cebolla, picada
315 g/10 oz de carne de res molida
185 g/6 oz de frijoles pintos cocidos o en lata, enjuagados y escurridos
una pizca de pimienta de Cayena
$1/_2$ taza/125 ml/4 fl oz de puré de tomates

SALSA DE TOMATILLO

2 latas de 315 g/10 oz de tomatillos, escurridos y picados finamente
1 cebolla, picada
3 cucharadas de cilantro fresco picado
$1/_2$ taza/125 ml/4 fl oz de caldo de verduras

1 Cocinar los chiles en una sartén o comal bien caliente hasta que la piel se chamusque y se ampolle. Ponerlos en una bolsa plástica 10 minutos o hasta que se puedan manipular sin quemarse. Con cuidado quitarles la piel y hacer un corte en el costado de cada uno. Retirar las semillas y membranas y reservar.

2 Para el relleno, calentar el aceite en una sartén a fuego medio y cocinar la cebolla 2 minutos o hasta que se ablande. Añadir la carne y revolver 3-4 minutos o hasta que tome color tostado. Agregar los frijoles, la pimienta de Cayena y el puré de tomates y cocinar a fuego a lento, siempre revolviendo, 5 minutos o hasta que se reduzca y espese. Rellenar los chiles con una cuchara y colocarlos en una bandeja para horno.

3 Para hacer la salsa, colocar en una cacerola los tomatillos, la cebolla, el cilantro y el caldo de verduras y cocinar a fuego lento 5 minutos o hasta que se reduzca y espese. Verter sobre los chiles y hornear 25 minutos o hasta calentar bien. **12 unidades**

Temperatura del horno 180ºC/350ºF/Gas 4

1 Cocinar los chiles en una sartén o comal caliente hasta que la piel se chamusque y se ampolle.

2 Rellenar los chiles con una cuchara y colocarlos en una bandeja para horno.

3 Verter la salsa sobre los chiles y hornear 25 minutos o hasta calentar bien.

CHILES
POBLANOS RELLENOS

Precalentar las tortillas antes de plegarlas o enrollarlas las torna flexibles y evita que se rompan. Para hacerlo, colóquelas en una sartén sin materia grasa a fuego lento durante 20-30 segundos de cada lado. Como alternativa, envuélvalas en papel de aluminio y llévelas al horno, a temperatura baja, o caliéntelas en microondas, dentro de un recipiente tapado. Sirva los taquitos con salsa verde.

TAQUITOS *con* CERDO *y* MEJORANA

12 tortillas de maíz, calientes
aceite para freír

RELLENO DE CERDO Y MEJORANA

1 cucharadita de aceite
1 cebolla, picada
2 chiles rojos frescos, picados
2 dientes de ajo, machacados
2 cucharaditas de comino molido
500 g/1 lb de cerdo molido
3 cucharadas de mejorana fresca

1 Para el relleno, calentar el aceite en una sartén a fuego vivo, agregar la cebolla, los chiles, el ajo, el comino y revolver 3 minutos o hasta que la cebolla y los chiles se ablanden. Añadir el cerdo y seguir revolviendo 3-4 minutos o hasta que tome color tostado. Retirar, integrar la mejorana y dejar enfriar ligeramente.

2 Colocar 1 cucharada de relleno en el centro de cada tortilla, enrollar y cerrar con palillos.

3 Calentar 1,5 cm/$3/_4$ in de aceite en una sartén hasta que un cubo de pan se dore en 50 segundos. Cocinar los taquitos, de a pocos por vez, 1-2 minutos o hasta que estén crocantes. Escurrir sobre papel absorbente.
12 unidades

TAMALES *de* POLLO *y* CHILE

30 hojas de mazorca secas

MASA PARA TAMALES

125 g/4 oz de mantequilla, ablandada
750 g/1 1/2 lb de masa fresca
2 cucharadas de polvo para hornear
3/4 taza/185 ml/6 fl oz de caldo de pollo

RELLENO DE POLLO Y CHILES VERDES

1 cucharada de aceite
2 chiles verdes frescos, picados
1 cucharada de hojas de orégano fresco
1 diente de ajo, machacado
250 g/8 oz de pollo picado fino
1 cucharada de harina
1 cucharada de extracto de tomate

1 Colocar las hojas de mazorca en un bol, cubrirlas con agua caliente y dejarlas en remojo 30 minutos.

2 Para hacer la masa, batir la mantequilla en un tazón hasta que esté liviana y cremosa. Colocar la masa y el polvo para hornear en un bol, agregar el caldo y revolver para integrar. Batir mientras se añade gradualmente la mezcla a la mantequilla y seguir batiendo hasta lograr una masa suave.

3 Para el relleno, calentar una sartén a fuego vivo; agregar el aceite, los chiles, el orégano y el ajo y revolver 1 minuto. Incorporar el pollo, la harina y el extracto de tomate y revolver 5 minutos o hasta que el pollo esté cocido y la preparación se reduzca y espese.

4 Escurrir las hojas de mazorca y secarlas con papel absorbente. Tomar 2 cucharadas de la masa y presionar para aplanar; apoyar sobre una hoja y colocar encima 1 cucharada de relleno. Tomar otras 2 cucharadas de masa, aplanar, ubicar sobre el relleno y presionar los bordes para encerrarlo. Plegar la hoja de mazorca sobre la masa; envolver con otra hoja, en dirección opuesta, y atar con hilo. Repetir para hacer 15 tamales.

5 Acomodar los tamales en una vaporera sobre una cacerola con agua hirviente y cocinarlos al vapor 45 minutos o hasta que estén bien cocidos. **15 unidades**

Sirva estos deliciosos tamales con salsa ranchera. La masa fresca se consigue en tiendas de especialidades mexicanas o mayoristas.

TORTILLAS *con* POLLO

2 dientes de ajo, machacados
1 cucharadita de comino molido
$^1/_2$ cucharadita de chile en polvo
$^1/_3$ taza/90 ml/3 fl oz de jugo de lima
1 cucharada de tequila
4 pechugas de pollo deshuesadas
12 tortillas de maíz
1 cebolla roja, rebanada
$^1/_2$ manojo de cilantro fresco
guacamole
salsa de chiles asados
$^1/_2$ taza/125 g/4 oz de crema agria (opcional)

1 Combinar en un bol el ajo, el comino, el chile en polvo, el jugo de lima y la tequila. Incorporar el pollo, empaparlo con la mezcla y marinar 30 minutos.

2 Escurrir el pollo y cocinarlo en una barbacoa, plancha o sartén caliente 3-4 minutos de cada lado o hasta que esté a punto. Rebanarlo.

3 Calentar las tortillas en una sartén sin materia grasa, a fuego medio, 20-30 segundos de cada lado o hasta que estén bien calientes.

4 Para servir, distribuir sobre las tortillas el pollo, la cebolla y las hojas del cilantro. Doblar o enrollar y presentar con cuencos de guacamole, salsa y crema agria (si se desea). **12 unidades**

QUESADILLAS *de* QUESO *y* FRIJOLES

155 g/5 oz de frijoles negros u ojo negro, cocidos o en lata, escurridos
60 g/2 oz de mozzarella rallada
60 g/2 oz de queso sabroso (cheddar maduro), rallado
2 cucharadas de salsa de chile picante
12 tortillas de harina, calientes
1 clara
aceite

1 En un bol combinar los frijoles, los quesos rallados y la salsa de chile.

2 Colocar 2 cucharadas de la mezcla sobre cada tortilla. Pincelar el contorno con la clara y doblar para encerrar el relleno. Unir los bordes y presionar para sellar.

3 Pincelar las quesadillas con un poco de aceite y cocinarlas sin materia grasa en una sartén caliente, a fuego medio, 2 minutos de cada lado o hasta que se inflen y se doren.
   12 unidades

Servir con salsa de chiles asados o salsa mexicana.

QUESADILLAS
DE QUESO

Las carnes de res, cerdo o cordero también resultan deliciosas para esta receta.
Ajuste el tiempo de cocción a la carne que elija.

Y FRIJOLES

EMPANADAS *de* CAMARONES

aceite para freír

MASA PARA EMPANADAS

2 ³/₄ tazas/350 g/11 oz de harina
60 g/2 oz de mantequilla, ablandada
³/₄ taza/185 ml/6 fl oz de agua caliente

RELLENO DE CAMARONES Y CHILE

2 cucharadas de aceite
1 cebolla, picada
1 cucharada de hojas de orégano fresco
2 cucharadas de hojas de tomillo alimonado fresco
500 g/1 lb de camarones crudos, pelados
2 tomates verdes, pelados y picados
4 chiles poblanos, asados, sin semillas,
pelados y picados

1 Para hacer la masa, colocar en el procesador
la harina y la mantequilla y procesar hasta que
se forme un granulado. Sin detener la máquina
agregar agua caliente suficiente para obtener
una masa suave. Amasar 3 minutos sobre una
superficie ligeramente enharinada. Dividir
en 12 porciones iguales. Cubrir con un lienzo
húmedo y reservar.

2 Para el relleno, calentar el aceite en una sartén
a fuego medio, añadir la cebolla, el orégano
y el tomillo y cocinar 4 minutos o hasta que
la cebolla se dore. Agregar los camarones,
los tomates y los chiles y sofreír a fuego lento
5 minutos o hasta que se reduzca y espese.
Dejar enfriar.

3 Extender cada poción de masa hasta lograr un
disco de 18 cm/7 in de diámetro y 3 mm/¹/₈ in
de espesor. Colocar 3 cucharadas de relleno
en el centro de cada disco, cerrar la empanada
y sellar los bordes.

4 Calentar aceite en una cacerola hasta que
un cubo de pan se dore en 50 segundos. Freír
las empanadas 2-3 minutos o hasta que
resulten crocantes y doradas. Escurrir sobre
papel absorbente. **12 unidades**

*Sirva las empanadas con salsa mexicana o salsa
ranchera y gajos de lima. Si no dispone de tomillo
alimonado, use tomillo común con un poquito
de cáscara de limón finamente rallada.*

SOPA *de* FRIJOLES PINTOS

**185 g/6 oz de frijoles pintos, remojados toda
la noche y escurridos
1 cebolla, en cuartos
3 tomates, asados y pelados
1 chile poblano, asado y pelado
4 dientes de ajo
6 tazas/1,5 litro/2 $^1/_2$ pt de agua
2-3 tazas/500-750 ml/16 fl oz-1 $^1/_4$ pt de caldo
de pollo o de verduras
aceite para freír
6 tortillas de harina o de maíz del día anterior,
cortadas en tiras
2 chiles anchos, sin semillas
155 g/5 oz de queso feta, desmenuzado
2 cucharadas de hojas de cilantro fresco**

1   Poner en una cacerola los frijoles, la cebolla,
    los tomates, el chile poblano, el ajo y el agua.
    Llevar a ebullición y dejar que hierva 10 minutos.
    Bajar el fuego y cocinar 1 hora o hasta que los
    frijoles estén tiernos. Dejar enfriar un poco.

2   Pasar todo el contenido de la cacerola
    a un procesador o licuadora y hacer un puré.
    Colocar de nuevo en la cacerola, agregar
    el caldo y cocinar a fuego lento 10-15 minutos.

3   En una sartén colocar aceite que alcance a 1,5
    cm/$^3/_4$ in de altura y calentarlo hasta que
    un cubo de pan se tueste en 50 segundos.
    Incorporar las tiras de tortilla y freírlas hasta
    que estén crocantes; escurrirlas sobre papel
    absorbente. Freír los chiles en el mismo aceite
    hasta que estén crujientes, escurrirlos sobre
    papel y cortarlos en tiras finas.

4   Para servir, repartir la sopa en cuencos
    calientes. Disponer en una bandeja las tiras
    de tortilla y de chiles, el queso y el cilantro
    y presentarlos como guarniciones. **6 porciones**

SOPA DE FRIJOLES PINTOS

Las salsas, los chiles, el jugo y los gajos de lima son los acompañamientos usuales de las comidas mexicanas.

TOSTADITAS
de LANGOSTINOS

aceite
8 tortillas de maíz
$^{1}/_{2}$ aguacate, picado
2 cucharadas de menta fresca en fina juliana

CUBIERTA DE LANGOSTINOS Y VEGETALES

1 mazorca de maíz
1 pimiento rojo y 1 amarillo, en cuartos
1 cebolla roja, en cascos
375 g/12 oz de langostinos medianos crudos, pelados y desvenados
4 chiles verdes suaves, frescos, en tiras
1 cucharada de jugo de lima

1 Para hacer la cubierta, cocinar la mazorca y los pimientos en una barbacoa o plancha bien caliente hasta que se chamusquen ligeramente. Desgranar el maíz, cortar los pimientos en tiras y reservar.

2 En una cacerola a fuego medio calentar 2 cucharaditas de aceite y cocinar la cebolla 4 minutos o hasta que se dore. Incorporar los langostinos, los chiles y el jugo de lima y cocinar 2 minutos o hasta que los langostinos cambien de color. Agregar los granos de maíz y los pimientos, mezclar y reservar.

3 Calentar 2 $^{1}/_{2}$ cm/1 in de aceite en una sartén, a fuego medio, hasta que un cubo de pan se tueste en 50 segundos. Cocinar las tortillas, de a una, 45 segundos de cada lado o hasta que estén crocantes. Escurrir sobre papel absorbente.

4 Distribuir sobre las tortillas la cubierta, el aguacate y la menta. Servir de inmediato.
4 porciones

LANGOSTINOS ASADOS
con CHILE

1 kg/2 lb de langostinos medianos crudos, sin pelar
250 g/8 oz de papaya picada
2 cucharadas de menta fresca picada
gajos de lima
chiles rebanados

MARINADA DE NARANJA

2 cucharadas de chile suave en polvo
2 cucharadas de orégano fresco picado

2 dientes de ajo, machacados
2 cucharaditas de cáscara de naranja rallada
2 cucharaditas de cáscara de lima rallada
$1/_4$ taza/60 ml/2 fl oz de jugo de naranja
$1/_4$ taza/60 ml/2 fl oz de jugo de lima

1 Para preparar la marinada, unir todos
   los ingredientes en un bol. Incorporar
   los langostinos, revolver, tapar y marinar
   en el refrigerador 1 hora.

2 Escurrir los langostinos y cocinarlos
   a la plancha o en la barbacoa 1 minuto de cada
   lado o hasta que cambien de color. Combinar
   la papaya y la menta en un tazón.

3 Para servir, apilar los langostinos en los platos
   y cubrirlos con la mezcla de papaya.
   Acompañar con gajos de lima y tajadas
   de chiles. **4 porciones**

**Los langostinos resultan más tiernos y jugosos cuando se asan sin pelar, pero si
lo prefiere puede pelarlos antes de marinar.**

NOS ASADOS CON CHILE

1 Colocar las hojas de mazorca en un bol, cubrirlas con agua caliente y dejarlas en remojo 30 minutos.

En México es común el uso culinario de hojas de mazorca y hojas de plátano como envoltorio de alimentos. Las de mazorca son favoritas en el norte, mientras que las de plátano son más populares en el sur y en el área costera.

PESCADO *en* HOJAS *de* MAZORCA

16-24 hojas de mazorca secas
4 filetes de pescado blanco firme
3 cucharadas de hojas de cilantro fresco
1 aguacate, rebanado
chiles jalapeños encurtidos
tortillas de maíz o de harina, calientes

PASTA DE CHILES Y LIMA

3 dientes de ajo, picados
2 chiles verdes suaves, frescos, picados
2 cucharadas de hojas de orégano fresco
2 cucharadas de chile suave en polvo
2 cucharadas de cáscara de lima rallada
1 cucharada de comino molido
$^1/_4$ taza/60 ml/2 fl oz de jugo de lima

2 Cortar los filetes de pescado por la mitad y untarlos de ambos lados con la pasta de chiles.

1 Colocar las hojas de mazorca en un bol, cubrirlas con agua caliente y dejarlas en remojo 30 minutos.

2 Para hacer la pasta de chiles, procesar todos los ingredientes juntos en el procesador o la licuadora hasta lograr una textura lisa.

3 Cortar cada filete de pescado por la mitad y untarlo de ambos lados con la pasta de chiles.

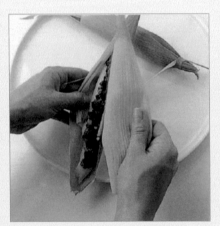

3 Colocar el pescado sobre las hojas de mazorca, cubrirlo con más hojas, plegar para encerrar el pescado y atar.

4 Superponer 2-3 hojas de mazorca, colocar sobre ellas un trozo de pescado, cubrir con más hojas, plegar para encerrar el pescado y atar. Ubicar los paquetes en una bandeja para horno y hornear 10-12 minutos o hasta que el pescado se pueda atravesar con un tenedor.

5 Para servir, abrir los paquetes, espolvorear con el cilantro y acompañar con el aguacate, los chiles y las tortillas. **4 porciones**

Temperatura del horno 180ºC/350ºF/Gas 4

PESCADO EN
HOJAS DE MAZORCA

PESCADO ASADO
al AJO

**1,5 kg/3 lb de pescado indicado para hornear,
limpio y entero**
1 limón, en rodajas
2 chiles rojos frescos, en mitades
3 ramitas de mejorana fresca
7 dientes de ajo, sin pelar
30 g/1 oz de mantequilla
$^1/_3$ taza/90 ml/3 fl oz de leche de coco

1 Secar el pescado con papel absorbente. Llenar
la cavidad con las rodajas de limón, los chiles
y las ramitas de mejorana. Ubicarlo en un trasto
para horno.

2 Colocar los dientes de ajo en una sartén
o comal caliente y cocinarlos hasta que la
cáscara resulte chamuscada y la pulpa, blanda.
Apretar con los dedos para extraer la pulpa
y ponerla en un bol. Incorporar la mantequilla
e integrar. Untar con la mezcla ambos lados del
pescado, tapar con papel de aluminio y hornear
40 minutos o hasta que la carne se separe
al probar con un tenedor.

3 Quitar el papel, pasar el pescado al grill y cocinar
3-4 minutos de cada lado o hasta que la piel
resulte crujiente. Al servir, rociar con la leche
de coco.

4 porciones

Temperatura del horno 150ºC/300ºF/Gas 2

**Acompañar con arroz rojo mexicano o con
tortillas y ensalada.**

PESCADO ASADO AL AJO

TACOS *de* MARISCOS

8 tortillas de harina, calientes
155 g/5 oz de queso feta, desmenuzado

RELLENO DE MARISCOS

2 cucharaditas de aceite
1 cebolla, picada
2 tomates, picados
375 g/12 oz de pescado blanco, en cubos
250 g/8 oz de langostinos medianos crudos, pelados y desvenados
12 ostiones
3 chiles verdes medianos, frescos, picados
2 cucharadas de orégano fresco picado
1 cucharadita de cáscara de limón rallada fina

1 Para preparar el relleno, calentar el aceite a fuego vivo en una sartén y cocinar la cebolla 4 minutos o hasta dorar. Agregar los tomates y cocinar 5 minutos. Incorporar el pescado, los langostinos, los ostiones, los chiles, el orégano y la cáscara de limón. Cocinar, sin dejar de revolver, 3-4 minutos o hasta que los mariscos estén cocidos.

2 Para servir, colocar el relleno en el centro de las tortillas y completar con el queso. Doblar las tortillas por la mitad para encerrar el relleno. Saborear en el momento.
4 porciones

Estos generosos tacos son excelentes acompañados con salsa de chile y ajo.

OSTIONES ASADOS *con* SALSA

30 ostiones
aceite de chile o de lima
hojuelas de tortilla fritas

SALSA DE PIÑA

125 g/4 oz de piña picada
$1/_4$ pimiento rojo, picado fino
2 chiles verdes medianos, picados
1 cucharada de hojas de cilantro fresco
1 cucharada de hojas de menta fresca
1 cucharada de jugo de lima

1 Para hacer la salsa, mezclar todos los ingredientes en un tazón. Dejar reposar 20 minutos.

2 Pincelar los ostiones con aceite; cocinarlos en una plancha o barbacoa bien caliente 30 segundos de cada lado o hasta que cambien de color. Servir de inmediato, con la salsa y hojuelas de tortilla fritas. **4 porciones**

Para preparar las hojuelas de tortilla, corte tortillas del día anterior en triángulos y fríalas en poco aceite 1-2 minutos o hasta que estén crujientes.

La salsa de tomates que figura en esta receta, conocida en México como salsa veracruzana por ser originaria de la región de Veracruz, se usa tradicionalmente como medio de cocción para pescado, en filetes o entero. También es deliciosa con cordero asado o costillas de ternera.

BROCHETAS *con* SALSA *de* TOMATE

750 g/1 ¹/₂ lb de pescado blanco, en cubos
¹/₄ taza/60 ml/2 fl oz de jugo de lima
pimienta negra recién molida
6 tortillas de maíz o de harina, calientes
2 cucharadas de cilantro fresco picado
gajos de lima

SALSA DE TOMATE, ACEITUNAS Y ALCAPARRAS

1 cucharada de aceite de oliva
1 cebolla, picada fina
1 diente de ajo, machacado
4 tomates maduros, picados
90 g/3 oz de aceitunas verdes
2 chiles jalapeños, picados

2 cucharadas de alcaparras, escurridas
2 cucharadas de perejil fresco picado

1   Ensartar el pescado en 6 pinchos ligeramente aceitados, pincelar con el jugo de lima y sazonar con pimienta a gusto. Reservar.

2   Para hacer la salsa, calentar el aceite a fuego medio en una sartén, incorporar la cebolla y el ajo y revolver 2 minutos o hasta que se ablanden. Agregar los tomates, las aceitunas, los chiles, las alcaparras y el perejil y cocinar, revolviendo, 5 minutos o hasta que la salsa esté caliente. Condimentar a gusto con pimienta.

3   Cocinar las brochetas en una barbacoa o plancha bien caliente 1 minuto de cada lado, o hasta que el pescado esté tierno. Para servir, colocar las brochetas sobre las tortillas, rociar con la salsa y esparcir el cilantro. Acompañar con gajos de lima. **6 porciones**

MEJILLONES
ESPECIADOS EN VINAGRE

MEJILLONES
ESPECIADOS *en* VINAGRE

2 cucharaditas de aceite
2 cebollas, picadas
3 chiles verdes medianos, frescos, picados
1 cucharada de orégano fresco picado
1 cucharadita de comino molido
$^1/_2$ cucharadita de granos de pimienta negra machacados
3 hojas de laurel
1 rama de canela
$^1/_4$ taza/60 ml/2 fl oz de vinagre de sidra
1 $^1/_2$ taza/375 ml/12 fl oz de caldo de pescado
1 kg/2 lb mejillones en sus valvas, sin barbas y cepillados

1 Calentar el aceite en una cacerola a fuego medio, agregar las cebollas y revolver 3 minutos o hasta que se ablanden. Añadir los chiles, el orégano, el comino, la pimienta, el laurel y la canela; cocinar 2 minutos, revolviendo.

2 Incorporar el vinagre y el caldo y llevar a hervor. Añadir los mejillones, bajar el fuego a mínimo y tapar. Cocinar 5 minutos o hasta que los mejillones se abran. Descartar los que permanezcan cerrados. Servir los mejillones con el jugo de cocción. **4 porciones**

Puede probar esta receta con almejas, pulpitos o calamares.

PESCADO *con* CEBOLLAS MARINADAS

4 filetes de pescado blanco firme
$^1/_2$ taza/60 g/2 oz de harina
1 cucharada de comino molido
1 cucharada de chile suave en polvo
2 cucharaditas de coriandro molido
2 cucharadas de aceite

CEBOLLAS CON MARINADA DE LIMA

3 cebollas, finamente rebanadas
3 cucharadas de hojas de cilantro fresco
1 cucharada de azúcar
$^1/_2$ taza/125 ml/4 fl oz de jugo de lima

1 Para preparar las cebollas, disponerlas en un bol con las hojas de cilantro, el azúcar y el jugo de lima, tapar y marinar a temperatura ambiente por lo menos 1 hora.

2 Secar el pescado con papel absorbente. Colocar la harina, el comino, el chile y el coriandro en una bolsa plástica y agitar para mezclar. Incorporar el pescado y agitar de nuevo, para empolvarlo. Eliminar el exceso de harina.

3 En una sartén calentar el aceite a fuego medio y cocinar el pescado 2-3 minutos de cada lado o hasta que la carne se separe al probar con un tenedor. Servir con las cebollas marinadas. **4 porciones**

Este platillo resulta delicioso con tomates y pimientos rojos y verdes asados.

PESCADO MARINADO *con* LIMA

625 g/1 $^1/_4$ lb de filetes de pescado blanco firme, en tiras
1 taza/250 ml/8 fl oz de jugo de lima
3 tomates maduros, picados
4 chiles jalapeños encurtidos, picados
1 cucharada de orégano fresco picado
$^1/_3$ taza/90 ml/3 fl oz de aceite de oliva
$^1/_2$ cebolla, en dados pequeños
3 cucharadas de aceitunas rellenas, picadas
2 cucharadas de hojas de cilantro fresco

1 Colocar el pescado en un bol, verter encima el jugo de lima y marinar en el refrigerador, removiendo de tanto en tanto, 3 horas o hasta que el pescado se torne opaco.

2 Retirar la mitad del jugo de lima e incorporar los tomates, los chiles, el orégano y el aceite. Mezclar con suavidad y refrigerar 1 hora más.

3 Antes de servir, dejar reposar a temperatura ambiente 20 minutos. Luego esparcir la cebolla, las aceitunas y el cilantro sobre el pescado. **6 porciones**

PESCADO MARINADO

CON LIMA

Este clásico, conocido mundialmente como cebiche, debe realizarse con pescado fresquísimo, no intente usar pescado congelado. Se puede elegir cualquier variedad de carne firme y los camarones, los ostiones, el cangrejo o la langosta son opciones deliciosas y elegantes.

CARNE *en* HEBRAS ESPECIADA

750 g/1 ¹/₂ lb de carne de res fibrosa, apta para hervor prolongado, desgrasada
1 cebolla, cortada por el medio
2 dientes de ajo, pelados
1 clavo de olor
2 cucharaditas de semillas de comino
8 tazas/2 litros/3 ¹/₂ pt de agua

SALSA DE CHILE VERDE Y TOMATE

2 cucharaditas de aceite
1 cebolla, picada
2 chiles verdes picantes, picados
440 g/14 oz de tomates en lata, picados con su jugo

1 Colocar en una cacerola a fuego medio la carne, la cebolla, el ajo, el clavo de olor, el comino y el agua. Llevar a hervor suave y cocinar a fuego lento 1 ¹/₂ hora o hasta que la carne esté muy tierna, espumando de tanto en tanto. Retirar del fuego, dejar que la carne se enfríe en el líquido y quitar la grasa de la superficie. Escurrir la carne y desmenuzarla con un tenedor. Reservar el líquido.

2 Para hacer la salsa, calentar el aceite en una sartén a fuego vivo, agregar la cebolla y los chiles y revolver 3 minutos o hasta que se ablanden. Incorporar los tomates y 1 taza/250 ml/8 fl oz de del líquido reservado. Llevar a hervor suave y cocinar a fuego mínimo 10 minutos o hasta que se reduzca y espese.

3 Incorporar la carne a la salsa y cocinar 5 minutos o hasta calentar. **6 porciones**

El tiempo de cocción dependerá del corte de carne empleado. Para una comida completa, acompañe con tortillas de harina tibias, ensalada y arroz verde con hierbas.

► *En el sur y en la costa de México es costumbre utilizar hojas de plátano como envoltorio de alimentos diversos. Las hojas de mazorca y el papel de aluminio son sustitutos aceptables, aunque carecen del sabor de las hojas de plátano.*

POLLO *en* HOJAS *de* PLÁTANO

2 pechugas de pollo, con hueso y sin piel
4 hojas de plátano grandes
4 cebollas de rabo, picadas
3 cucharadas de hojas de cilantro fresco

MEZCLA DE ESPECIAS

3 chiles Nuevo México
1 taza/250 ml/8 fl oz de agua
2 chiles verdes picantes, frescos, picados
3 dientes de ajo, picados
2 cucharadas de páprika dulce
1 cucharada de hojas de orégano fresco
2 cucharaditas de comino molido
2 cucharaditas de cáscara de naranja finamente rallada
2 cucharadas de jugo de limón

1   Para la mezcla de especias, cocinar los chiles Nuevo México en una sartén o comal caliente hasta que la piel se ampolle y se chamusque. Pasarlos a un bol, cubrirlos con agua y dejarlos en remojo 30 minutos. Escurrir y descartar el líquido.

2   Colocar en el procesador o licuadora los chiles remojados, los chiles verdes, el ajo, la páprika, el orégano, el comino, la cáscara de naranja y el jugo de limón; procesar hasta lograr una pasta.

3   Cortar las pechugas por el medio y untarlas con la mezcla de especias. Calentar las hojas de plátano, sosteniéndolas sobre el fuego o en microondas, hasta que resulten flexibles. Acomodar sobre cada hoja un trozo de pollo y esparcir arriba las cebollas y el cilantro. Doblar las hojas para encerrar el pollo y atar. Colocar los paquetes en una fuente de vidrio o cerámica y marinar en el refrigerador 3 horas o toda la noche.

4   Ubicar los paquetes en un trasto para horno y hornear 25-35 minutos o hasta que el pollo esté tierno. **4 porciones**

Temperatura del horno 160ºC/325ºF/Gas 3

POLLO *con* SEMILLAS *de* CALABAZA

4 pechugas de pollo deshuesadas
$1/_2$ cebolla
2 dientes de ajo
2 tallos de cilantro fresco
4 tazas/1 litro/1 $3/_4$ pt de agua

SALSA DE SEMILLAS DE CALABAZA

2 latas de 440 g/14 oz de tomatillos, escurridos
12 chiles serranos
$1/_2$ manojo de cilantro fresco
$1/_4$ cebolla, picada
1 diente de ajo
1 $1/_2$ taza/45 g/1 $1/_2$ oz de semillas de calabaza verde (pepitas)
3 cucharadas de maníes sin sal

1 Colocar el pollo, la cebolla, el ajo, el cilantro y el agua en una cacerola a fuego lento. Llevar a hervor suave y cocinar 15 minutos. Apartar el pollo; colar el líquido, reservarlo y descartar los sólidos.

2 Para hacer la salsa, disponer en el procesador o licuadora los tomatillos, los chiles, el cilantro, la cebolla y el ajo. Procesar hasta homogeneizar.

3 Calentar una sartén a fuego medio, agregar las semillas de calabaza y revolver 3-4 minutos o hasta que empiecen a crujir y se doren. Procesarlas junto con los maníes hasta obtener una pasta. Pasarla a la sartén y revolver 3 minutos o hasta dorar.

4 Gradualmente añadir la preparación de tomatillos y 2 tazas/500 ml/16 fl oz de del líquido de cocción del pollo. Llevar a hervor suave y cocinar a fuego lento 10 minutos, revolviendo con frecuencia. Incorporar el pollo y cocinar despacio 5 minutos o hasta calentar.
4 porciones

Si la salsa espesa demasiado, agregue más líquido de cocción para lograr la consistencia deseada.
Puede usar chiles serranos en lata en reemplazo de los frescos.

PATO ASADO *con* CHILES

1 pato de 2,5 kg/5 lb
sal marina
granos de pimienta negra triturados
1 naranja, cortada por el medio
1 cabeza de ajo, los dientes separados
2 cucharadas de chile suave en polvo
2 cucharadas de páprika dulce
3 dientes de ajo, machacados
2 cucharadas de tequila
3 cucharadas de menta fresca picada

1 Perforar la piel del pato con un tenedor,
   en toda su superficie. Frotarlo con sal marina
   y pimienta negra y apoyarlo sobre una rejilla
   ubicada dentro de un trasto para horno.
   Colocar la naranja y los dientes de ajo
   en la cavidad del ave y hornear 30 minutos.
   Descartar los jugos del trasto.

2 Mezclar el chile en polvo, la páprika, el ajo
   machacado y la tequila y frotar la piel del pato.
   Bajar la temperatura a 180ºC/350ºF/Gas 4
   y hornear 40 minutos o hasta que la piel
   del ave esté crujiente y la carne, tierna.
   En el momento de servir, esparcir la menta
   sobre el pato. **4 porciones**

Temperatura del horno 220ºC/440ºF/Gas 6

Acompañe con una pila de tortillas tibias y una selección de salsas.

PATO ASADO
CON
CHILES

TORTILLAS *con* CORDERO

500 g/1 lb de masa fresca
315 g/10 oz de frijoles refritos
315 g/10 oz de queso feta, desmenuzado
1 taza/250 ml/8 fl oz de salsa enchilada
gajos de lima
chiles frescos, picados

CORDERO EN COCCIÓN DOBLE

1 pierna de cordero de 1,5 kg/3 lb
1 cebolla, partida por el medio
2 dientes de ajo
3 ramitas de orégano fresco
$^1/_2$ cucharadita de semillas de comino
chile en polvo

1   Colocar el cordero, la cebolla, el ajo, el orégano y el comino en una cacerola y cubrir con agua. Llevar a hervor, tapar, bajar la llama y cocinar a fuego lento 1 $^1/_2$ hora o hasta que el cordero esté tierno. Escurrirlo y pasarlo a un trasto para horno. Espolvorearlo con chile y hornear 30 minutos. Desmenuzarlo y reservarlo.

2   Tomar porciones de 4 cucharadas de masa; extenderlas entre dos hojas de papel antiadherente para formar discos grandes y muy finos. Colocar una tortilla en una sartén o comal sin materia grasa, bien caliente, y cocinar 3 minutos de cada lado o hasta que esté crocante. Mantener al calor mientras se cocinan las demás tortillas.

3   Distribuir sobre las tortillas los frijoles, el cordero, el queso feta y la salsa enchilada y hornear 10 minutos. Servir con gajos de lima y chiles picados. **4 porciones**

Temperatura del horno 180ºC/350ºF/Gas 4

CORDERO *al* HORNO *con* CHILES

1 pierna de cordero de 1,5 kg/3 lb, desgrasada

PASTA DE CHILE Y ESPECIAS

4 chiles anchos
3 dientes de ajo, sin pelar
1 tomate maduro, pelado y picado
1 cucharada de orégano fresco picado
$^1/_2$ cucharadita de comino molido
$^1/_2$ cucharadita de granos de pimienta negra triturados
2 cucharadas de vinagre de sidra

1   Para preparar la pasta, cocinar los chiles y el ajo en una sartén o comal caliente sin materia grasa, a fuego vivo, hasta que la piel se chamusque y se ampolle. Colocar los chiles en un bol, cubrir con agua caliente, remojar 30 minutos y escurrir. Apretar los dientes de ajo con los dedos para extraerlos de la cáscara.

2   Colocar en el procesador o licuadora los chiles, el ajo, los tomates, el orégano, el comino, la pimienta y el vinagre. Procesar para obtener una pasta.

3   Disponer el cordero en una fuente de cerámica o vidrio, untarlo con la pasta, tapar y marinar en el refrigerador por lo menos 3 horas o toda la noche.

4   Pasar el cordero a un trasto para horno y hornear 3 horas o hasta que esté tierno. **6 porciones**

Temperatura del horno 150ºC/300ºF/Gas 2

Rebane el cordero y sírvalo con tortillas tibias, vegetales y una selección de salsas.

TORTILLAS C

N CORDERO

La masa fresca puede adquirirse en tiendas de especialidades mexicanas o mayoristas.

CARNE ASADA SANTA FE

6 bistecs
1 aguacate, rebanado
gajos de lima
2 cebollas de rabo, en aros

MEZCLA DE ESPECIAS

$^1/_2$ cebolla, picada bien fina
3 dientes de ajo, machacados
1 cucharada de chile suave en polvo
2 cucharadas de cáscara de lima rallada
1 cucharadita de comino molido
2 cucharadas de aceite de oliva
1 cucharada de jugo de lima

1 Para la mezcla de especias, colocar todos los ingredientes en un bol y revolver para integrar.

2 Untar los bistecs, de ambos lados, con la mezcla de especias. Colocarlos entre dos trozos de film y aplanarlos con el mazo especial o el rodillo hasta dejarlos de 5 mm/$^1/_4$ in de espesor.

3 Cocinar los bistecs en una barbacoa o sartén caliente 30-60 segundos de cada lado o hasta que estén tiernos. Servir de inmediato con tajadas de aguacate, gajos de lima y cebollas de rabo. **6 porciones**

Para una comida completa, ofrezca tortillas tibias, frijoles refritos y ensalada de lechuga.

CARNE ASADA SANTA FE

▶ *Si no quiere encender el horno, realice en la parrilla la cocción completa de la carne; después de la primera etapa, baje el fuego y cocine hasta que la carne esté tierna. Esta receta también se puede hacer con pollo. Para completar la comida, sirva con tortillas calientes y ensalada.*

CERDO *con* SALSA *de* CHILES

1 kg/2 lb de carne de cerdo desgrasada
90 g/3 oz de aceitunas verdes
1 cebolla, rebanada

SALSA ENRIQUECIDA DE CHILES

8 chiles anchos, sin semillas ni nervaduras
1 cucharada de aceite
1 cebolla, picada
2 dientes de ajo, machacados
1 cucharadita de comino molido
1 cucharada de orégano fresco picado
1 $^1/_2$ taza/375 ml/12 fl oz de caldo de pollo o de res
1 taza/250 ml/8 fl oz de jugo de naranja
$^1/_3$ taza/90 ml/3 fl oz de vinagre de sidra

1 Para hacer la salsa, abrir y aplanar los chiles. Calentar el aceite a fuego medio en una sartén y cocinarlos unos segundos de cada lado. Escurrirlos sobre papel absorbente y ponerlos en un bol. Cubrirlos con agua hirviente, dejarlos en remojo 2-3 horas y escurrirlos.

2 Calentar la sartén a fuego medio, incorporar la cebolla y el ajo y revolver 3 minutos o hasta que se ablanden. En el procesador o licuadora colocar la cebolla con el ajo, los chiles, el comino, el orégano y $^2/_3$ taza/170 ml/5 $^1/_2$ fl oz de caldo; procesar.

3 Pasar la mezcla a la sartén y cocinar, sin dejar de revolver, 5 minutos o hasta que se reduzca y espese. Añadir el caldo restante, el jugo de naranja y 1 cucharada de vinagre. Llevar a hervor suave y cocinar a fuego lento 25 minutos o hasta que se reduzca y espese nuevamente. Dejar enfriar.

4 Combinar la salsa fría con el vinagre restante. Disponer el cerdo en una fuente de vidrio o cerámica y bañarlo con $^1/_3$ de la salsa. Tapar y dejar marinar en el refrigerador 2-3 horas.

5 Escurrir el cerdo y cocinarlo en una barbacoa o sartén caliente 2-3 minutos de cada lado o hasta que tome color tostado. Pasarlo a un trasto para horno y hornear 45-50 minutos o hasta que esté tierno.

6 Calentar el resto de la salsa en una cacerola a fuego lento. Rebanar el cerdo, acomodarlo en una fuente, bañarlo con la salsa y esparcir por encima las aceitunas y la cebolla.
6 porciones

Temperatura del horno 150ºC/300ºF/Gas 2

1 Disponer la calabaza, las calabacitas, las zanahorias, la cáscara de lima, el aceite de oliva y pimienta a gusto en un trasto para horno, mezclar y hornear 30 minutos o hasta que los vegetales estén dorados y tiernos.

2 Para el aliño, colocar todos los ingredientes en un tazón y batir ligeramente para integrar.

3 Ubicar los vegetales en una fuente y esparcir el queso y el aliño por encima. **6 porciones**

Temperatura del horno 200ºC/400ºF/Gas 6

ENSALADA
de NARANJAS

6 naranjas, peladas y sin membrana blanca, en rodajas
2 cebollas rojas, rebanadas
90 g/3 oz de almendras tostadas, picadas
2 chiles rojos medianos, frescos, picados
$1/_2$ manojo de cilantro fresco
4 cucharadas de hojas de menta fresca
$1/_4$ atado/125 g/4 oz de espinaca, sin tallos, en juliana

1 Colocar en un bol las naranjas, las cebollas, las almendras, los chiles, las hojas del cilantro y la menta. Mezclar y dejar reposar 30 minutos.

2 En una fuente hacer un lecho con la espinaca y disponer encima la ensalada. **6 porciones**

Complete con más cebolla roja y sirva con carne o pollo asado.

Existen evidencias arqueológicas de que ciertas variedades de calabaza ya se cultivaban y consumían en México en el año 2000 a.C.

ENSALADA
de CALABAZAS

1 kg/2 lb de calabaza butternut, pelada y picada
350 g/11 oz de calabacitas patty pan verdes o amarillas
4 zanahorias, peladas y cortadas por el medio
2 cucharaditas de cáscara de lima rallada fina
1 cucharada de aceite de oliva
pimienta negra recién molida
155 g/5 oz de queso feta, desmenuzado

ALIÑO VERDE DE CEBOLLAS

12 cebollas de rabo, en aros
3 chiles verdes suaves, frescos, rebanados
$1/_3$ taza/90 ml/3 fl oz de aceite de oliva
$1/_4$ taza/60 ml/2 fl oz de vinagre de sidra
2 cucharadas de jugo de lima

ENSALADA

DE NARANJAS

El comal es una especie de sartén plana de acero, hierro fundido o loza de barro rústico que se utiliza para cocinar y calentar tortillas y para tostar otros ingredientes, como chiles y semillas de calabaza.

PIMIENTOS ASADOS
con HIERBAS

3 pimientos rojos
2 pimientos verdes
4 chiles verdes medianos, frescos
2 cebollas, en cuartos
2 cucharadas de hojas de mejorana fresca
2 cucharadas de hojas de tomillo fresco
$^1/_4$ taza/60 ml/2 fl oz de jugo de lima
$^1/_4$ taza/60 ml/2 fl oz de aceite de oliva
pimienta negra recién molida

1 En una sartén o comal bien caliente cocinar los pimientos y los chiles hasta que la piel resulte ampollada y chamuscada. Ponerlos en una bolsa plástica y dejarlos enfriar 10 minutos o lo suficiente para poder manipularlos. Retirar la piel con cuidado, cortar la parte superior y quitar las semillas y membranas. Cortar en tajadas gruesas.

2 Colocar las cebollas en la sartén o comal y cocinar 5 minutos o hasta que se ablanden y se tuesten.

3 Disponer en una ensaladera los pimientos, los chiles, las cebollas, la mejorana, el tomillo, el jugo de lima, el aceite y pimienta a gusto. Remover y dejar reposar 30 minutos antes de servir. **6 porciones**

PIMIENTOS ASADOS

1 En una sartén o comal caliente cocinar los pimientos y los chiles hasta chamuscar la piel.

2 Retirar la piel con cuidado, cortar la parte superior y quitar las semillas y membranas.

3 Colocar las cebollas en la sartén o comal y cocinar hasta que se ablanden y se tuesten.

CON HIERBAS

El epazote fresco (chenopodium ambrosioides) es una hierba muy empleada en la cocina mexicana tradicional. Tiene un sabor anisado y se la usa con frecuencia en platillos con frijoles, ya que exalta su sabor y reduce sus efectos gaseosos. Es difícil obtenerla fuera de México, donde se la llama wormweed o quenopodio y se la considera maleza; en ocasiones se consigue seca. En México, el epazote seco se utiliza como té medicinal.

los chiles suaves y cocinar 2 minutos o hasta que resulten crujientes. Escurrir sobre papel absorbente. Para servir, disponer las hojuelas de maíz en el contorno de la fuente de los frijoles y esparcir las tiras de chile fritas.
4 porciones

Temperatura del horno 180ºC/350ºF/Gas 4

NACHOS *con* FRIJOLES NEGROS

250 g/8 oz de frijoles negros secos, remojados toda la noche y escurridos
2 ¹/₂ cucharadas de aceite
1 cebolla, picada
2 dientes de ajo, machacados
2 chiles rojos picantes, frescos, picados
1 cucharadita de comino molido
1 taza/250 ml/8 fl oz de caldo de verduras
125 g/4 oz de mozzarella, rallada
6 chiles rojos suaves, frescos, en tiras finas
250 g/8 oz de hojuelas de maíz fritas o trozos de tortillas de maíz fritos

1 Colocar los frijoles en una cacerola y verter agua fría hasta sobrepasarlos unos 5 cm/2 in. Llevar a hervor y mantenerlo 10 minutos. Bajar la llama, tapar y cocinar a fuego lento 45 minutos o hasta que estén tiernos. Escurrir y reservar.

2 Calentar ¹/₂ cucharada de aceite en una sartén sobre fuego medio, agregar la cebolla, el ajo, los chiles picantes y el comino y revolver 3 minutos o hasta que la cebolla esté tierna. Añadir la mitad de los frijoles y, mientras se sigue cocinando, prensarlos con un pisapapas para obtener un puré grueso.

3 Incorporar los frijoles restantes y el caldo, llevar a hervor suave y cocinar despacio 5 minutos o hasta que se reduzca y espese. Pasar a una fuente refractaria, espolvorear con la mozzarella y hornear 20 minutos o hasta que se derrita.

4 En una sartén a fuego fuerte calentar el resto del aceite hasta que esté muy caliente; agregar

1 Agregar a la sartén la mitad de los frijoles y pisarlos para lograr un puré grueso.

2 Pasar la preparación a una fuente refractaria y espolvorear con la mozzarella.

3 Cocinar los chiles suaves en aceite caliente 2 minutos o hasta que estén crujientes.

NACHOS CON
FRIJOLES NEGROS

Estos nachos con frijoles negros se sirven con salsa a elección y crema agria.

PAPAS *con* ALIÑO *de* CHILES

2 kg/4 lb de papas nuevas baby, en mitades

ALIÑO DE CHILES

2 cebollas rojas, rebanadas
3 chiles jalapeños, picados
3 chiles rojos frescos, sin semillas y picados
2 dientes de ajo, machacados
2-3 cucharadas de azúcar
2 cucharadas de alcaparras, escurridas
2 cucharadas de hojas de tomillo fresco
1 cucharada de hojas de orégano fresco
4 hojas de laurel fresco o seco
1 taza/250 ml/8 fl oz de vinagre de sidra
1/2 taza/125 ml/4 fl oz de agua

1 En una cacerola con agua hirviente cocinar las papas hasta que estén tiernas. Escurrirlas y colocarlas en una ensaladera.

2 Para preparar el aliño, combinar todos los ingredientes en un bol. Verter sobre las papas calientes y mezclar. Dejar reposar a temperatura ambiente 2 horas antes de servir.

6 porciones

No reserve esta receta sólo para una comida mexicana; resulta atractiva en cualquier mesa de ensaladas. Para un toque extra, acompáñela con rebanadas de chile adicionales.

PAPAS CON ALIÑO DE CHILES

Salsas y aderezos

La palabra salsa se asocia con la comida mexicana. Un cuenco de salsa en la mesa concede un toque de sabor mexicano al platillo más simple. Las salsas varían según la mano de quien las prepara, la temporada y los productos disponibles, por mencionar unos pocos factores. Se pueden preparar con sus componentes crudos o cocidos, con tomates o sin ellos, y pueden ser suaves o picantes. El término "salsa" se usa en español incluso en países de habla inglesa. En todo el mundo, pensar en una salsa es imaginar un aderezo gustoso, espeso y con pedacitos enteros.

SALSA *de* CHILES TOSTADOS

3 tomates
3 chiles jalapeños o verdes picantes
1 cebolla pequeña, con cáscara
2 dientes de ajo, con cáscara
$1/_4$ cucharadita de orégano seco
$1/_4$ cucharadita de comino molido
pimienta negra recién molida
agua (opcional)

Colocar los tomates, los chiles, la cebolla y el ajo en una sartén o comal caliente sin materia grasa. Asar hasta que la piel resulte ampollada y chamuscada y la pulpa, tierna. Pelar la cebolla y el ajo, picarlos ligeramente y ponerlos en un bol. Picar del mismo modo los tomates y los chiles y agregarlos. Incorporar el orégano, el comino y pimienta a gusto. Revolver para combinar y, si se desea, aligerar con agua.

$1 1/_2$ taza/375 ml/12 fl oz

SALSA *de* SEMILLAS *de* CALABAZA

3 tomates
$1 1/_2$ taza/45 g/$1 1/_2$ oz de semillas de calabaza verde (pepitas)
2 cucharadas de agua
2-3 chiles verdes medianos, frescos, picados
2 cucharadas de cilantro fresco picado

1 Cocinar los tomates en una sartén o comal caliente, sin materia grasa, hasta que la piel se chamusque y se ampolle. Dejar enfriar un poco y pelar.

2 Esparcir las semillas de calabaza sobre una bandeja para horno y hornear 5-6 minutos o hasta tostar. Colocarlas en un procesador o licuadora junto con el agua y procesar hasta obtener una pasta gruesa. Agregar los tomates, los chiles y el cilantro y procesar para unir.

$1 3/_4$ taza/440 ml/14 fl oz

Temperatura del horno 160ºC/325ºF/Gas 3

Por siglos, los mexicanos han consumido semillas de calabaza asadas como bocadillo delicioso y nutritivo. En su versión más simple se presentan tostadas y saladas.

SALSA MEXICANA

2 tomates maduros, pelados, sin semillas y finamente picados
2-3 chiles verdes picantes, frescos, sin semillas y picados
1 cebolla pequeña, finamente picada
1 diente de ajo, machacado
2 cucharadas de cilantro fresco picado
2 cucharadas de jugo de lima

Dentro de un bol combinar los tomates, los chiles, la cebolla, el ajo, el cilantro y el jugo de lima. Dejar reposar 30 minutos antes de servir.

2 tazas/500 ml/16 fl oz

SALSA *de* MAÍZ DULCE

3 mazorcas de maíz
1 cucharada de aceite de oliva
1 pimiento rojo, en cuartos
3 chiles verdes suaves, frescos, sin semillas y en mitades
2 dientes de ajo, con cáscara
1 cucharada de cilantro fresco picado
2 cucharadas de orégano fresco picado

1 Pincelar las mazorcas con aceite y cocinarlas en una plancha o barbacoa bien caliente 6-8 minutos o hasta que estén levemente chamuscadas y tiernas. Desgranarlas y colocar los granos en un bol.

2 Pincelar con aceite el pimiento y los chiles y ubicarlos, junto con el ajo, en una plancha o barbacoa bien caliente. Cocinar 4 minutos o hasta que la piel se chamusque ligeramente. Picar el pimiento y los chiles y presionar los dientes de ajo para extraerlos de la cáscara. Agregarlos al maíz junto con el cilantro y el orégano y mezclar.

2 tazas/500 ml/16 fl oz

SALSA VERDE

500 g/1 lb de tomatillos en lata, escurridos
y picados groseramente
2-3 chiles verdes medianos, frescos, sin semillas
y picados
1 cebolla pequeña, picada
1 diente de ajo, picado
2 cucharadas de hojas de cilantro fresco
una pizca de comino molido

Colocar los tomatillos, los chiles, la cebolla, el ajo,
el cilantro y el comino en el procesador y picar
finamente. Refrigerar.

1 ¹/₂ taza/375 ml/12 fl oz

*Mejor aún si se prepara con tomatillos frescos en
lugar de enlatados.*

SALSA RANCHERA

2 cucharaditas de aceite
1 pimiento verde, picado
1 cebolla, picada
2 chiles verdes medianos, frescos, sin semillas
y picados
2 dientes de ajo, picados
5 tomates maduros, sin piel ni semillas, picados
1 cucharada de orégano fresco picado
1 cucharadita de comino molido
1 cucharada de cilantro fresco picado

Calentar el aceite en una sartén a fuego medio,
incorporar el pimiento, la cebolla, los chiles
y el ajo y revolver 4 minutos o hasta que estén
tiernos. Agregar los tomates, el orégano
y el comino y cocinar a fuego lento 10 minutos
o hasta que se reduzca y espese. Añadir el cilantro
y mezclar.

2 tazas/500 ml/16 fl oz

*Esta salsa clásica es perfecta para servir con carnes
asadas, pollo y pescado. También es la base para
los famosos huevos rancheros: cuando la salsa esté
cocida, formar en ella 4 hoyos, cascar un huevo
en cada uno y cocinar 5 minutos más o hasta que
cuajen a gusto.*

SALSA *de* CHILE *y* AJO

4 chiles verdes medianos, frescos, sin semillas
y picados
2 tomates, pelados y picados
6 dientes de ajo, picados
1 cucharada de cilantro fresco picado
2 cucharadas de perejil fresco picado
1 cucharadita de comino molido
2 cucharaditas de jugo de lima

En el procesador o licuadora colocar los chiles,
los tomates, el ajo, el cilantro, el perejil y el comino;
procesar para triturar. Añadir el jugo de lima,
mezclar y refrigerar hasta el momento de servir.

1 taza/250 ml/8 fl oz

SALSA ENCHILADA

500 g/1 lb de tomatillos en lata, escurridos
 picados
1 cebolla, picada
1 chile verde picante, fresco, sin semillas
y picado
1 diente de ajo, machacado
2 cucharadas de hojas de cilantro fresco
1 taza/250 ml/8 fl oz de caldo de pollo
o de verduras
jugo de lima

Colocar en el procesador o licuadora los tomatillos,
la cebolla, el chile, el ajo y el cilantro y procesar
hasta lograr una textura lisa. Pasar a una cacerola
y llevar a hervor suave. Verter el caldo, revolver
y cocinar a fuego lento 8-10 minutos o hasta que
la salsa se reduzca y espese. Agregar jugo de lima
a gusto y mezclar.

1 ³/₄ taza/440 ml/14 fl oz

*Los tomatillos se asemejan a los tomates verdes,
pero en realidad ni siquiera pertenecen a la misma
familia. También se los conoce como uvas espinas
con capa o cerezas de tierra.*

Productos

Chiles frescos

Habanero: Es pariente cercano del boina escocesa, con el que a veces se lo confunde. El habanero es el chile más picante del mundo, y el boina escocesa es apenas un poco menos picante. Ambos son pequeños, con forma de farolito. El habanero mide 5 cm/2 in de largo y el boina escocesa es algo más pequeño. Según se dice, el chile habanero es entre 30 y 50 veces más picante que el jalapeño. El habanero se consigue seco y también ahumado. El seco se emplea principalmente para salsas; el fresco debe utilizarse con precaución.

Jalapeño: Verde o rojo, es uno de los chiles más conocidos y populares. El rojo, maduro, es más dulce que el verde.

Poblano: El color de este chile con forma de cono varía del verde al rojo. Es uno de los que más se utilizan en la gastronomía mexicana, en todas sus etapas de maduración. No es usual consumirlo crudo. Las formas de preparación más frecuentes son asados y rellenos, en moles y salsas o asados en tiras. Si no se consigue, se puede optar por otros chiles suaves como el Anaheim o el Nuevo México.

Serrano: De color verde o rojo, es considerado por muchos como el mejor para salsas. Su nombre se debe a que fue cultivado por primera vez en las montañas de Puebla e Hidalgo, en el norte de México. Si no está disponible se puede reemplazar por chile jalapeño; en México, el empleo de estos dos chiles es indistinto.

Chiles secos

Ancho: Versión seca del chile poblano. Es el chile seco más popular en México, y también el más dulce. Otorga a los platillos un sabor ahumado dulzón. Se utiliza principalmente en moles y otras salsas.

Chipotle: Es un jalapeño seco y ahumado que concede sabor ahumado picante a los platillos. Se consigue envasado en latas, por lo general en una salsa de adobo que toma el sabor del chile.

Guajillo: Su grado de picante oscila de suave a mediano. Tiene un sabor levemente frutado y se usa sobre todo en salsas, sopas y guisos.

Pasilla: También se lo conoce como chile negro. Su nombre se debe a su aroma y a su piel arrugada, que recuerdan los de las pasas de uva. Junto con el chile ancho y el mulato integra la "santísima trinidad" indispensable para preparar el mole negro.

Hojas de plátano: Igual que las de mazorca, las hojas de plátano se usan para envolver alimentos e impartirles un sabor especial, pero no se comen. Antes de utilizarlas es necesario ablandarlas, ya sea pasándolas sobre el fuego de la hornalla, blanqueándolas en agua hirviente 20-30 segundos o calentándolas 45-60 segundos en microondas al Máximo (100%). También hay que quitarles la nervadura gruesa central; de lo contrario, resulta muy difícil envolver los alimentos. El empleo de hojas de plátano es más común en la zona sur y costera de México.

Comal: Este utensilio, esencial para el cocinero mexicano, es una especie de sartén plana de acero, hierro fundido o loza de barro sin esmaltar. Tradicionalmente se emplea para cocinar tortillas, y también para asar o tostar semillas de calabaza y chiles. Como alternativa se puede usar una cazuela o sartén pesadas.

Productos

Hojas de mazorca: Son las hojas externas de la mazorca del maíz y se utilizan para envolver tamales y otros alimentos. Es necesario remojarlas previamente, para que se ablanden y puedan plegarse con facilidad. Se venden en tiendas de alimentos especiales.

Masa: En México este término se refiere a la masa de maíz que se usa para hacer tortillas. La masa fresca puede adquirirse en tiendas de especialidades gastronómicas o restaurantes de comida mexicana, o elaborarse en casa con harina de masa (abajo). Las tortillas de harina no tienen exactamente el mismo sabor que las de masa fresca, pero para muchos son una alternativa ventajosa. A veces hay masa instantánea disponible en las tiendas; para su empleo, seguir las indicaciones del paquete.

Harina de masa: Este polvo similar a la harina es masa de maíz fresco que ha sido secada y finamente molida. No debe confundirse con la polenta, que no es apta para hacer tortillas. En caso de no conseguir masa fresca, se recomienda usar harina de masa. Para reconstituirla, por lo general sólo hay que agregar agua y, a veces, mantequilla u otra materia grasa; no obstante, para un mejor resultado conviene seguir las indicaciones del paquete. La harina de masa se consigue en tiendas especializadas en comestibles mexicanos.

Chocolate mexicano: Este chocolate es totalmente diferente del europeo. Lejos de ser suave y aterciopelado como éste último, el chocolate mexicano es granulado y nunca se consume como golosina. Se elabora con granos de cacao, azúcar, canela y almendras, todo molido a la vez y luego prensado para obtener tabletas. Se destina más que nada a preparar chocolate caliente, y en pequeñas dosis interviene en el famoso mole poblano, conocido fuera de México como pavo con salsa de chocolate. El uso del chocolate como aderezo para platillos salados data del imperio maya, donde los guisos de chile enriquecidos con chocolate eran una especialidad. En esa época, a las mujeres se les prohibía comer chocolate, y sólo los hombres de alto rango tenían derecho a consumir platillos que lo incluyeran.

Semillas de calabaza: Los mexicanos han saboreado por siglos las semillas de calabaza como bocadillo nutritivo y sabroso. Es común llamarlas pepitas, y son simplemente las semillas secas de varios tipos de calabazas. En su versión más simple se consumen tostadas y saladas. En México se pueden adquirir crudas, tostadas, con o sin cáscara y molidas. La salsa de semillas de calabaza es muy popular para acompañar platillos simples de carne, aves, pescados y vegetales, y también puede servirse como mojo para tortillas.

Tomatillos: Si bien se asemejan a los tomates verdes y suelen llamarse tomates verdes mexicanos, en realidad ni siquiera son parientes. Los tomatillos pertenecen a la familia de la uva espina y también se los denomina uvas espinas con capa o cerezas de tierra. Fuera de México, los tomatillos frescos son difíciles de conseguir, pero están disponibles en latas, con la ventaja de que no hace falta cocinarlos.

Prensa para tortillas: Se vende en tiendas de productos gastronómicos mexicanos y en tiendas de electrodomésticos. Su uso facilita y agiliza la operación de dar forma a las tortillas. Las mejores son las de hierro fundido y las de madera.

La cocina no es una ciencia exacta; para cocinar no se necesitan balanzas calibradas, pipetas graduadas ni equipamiento de laboratorio. Pero en algunos países, la conversión del sistema imperial al métrico o viceversa puede intimidar a muchos buenos cocineros.

En las recetas se indica el peso sólo de ingredientes tales como carnes, pescado, pollo y algunas verduras. Sin embargo, unos gramos (u onzas) en más o en menos no estropearán el éxito del plato.

Si bien estas recetas fueron probadas utilizando como estándares taza de 250 ml, cuchara de 20 ml y cucharita de 5 ml, también resultarán con tazas de 8 fl oz o de 300 ml. Se dio preferencia a las medidas indicadas según recipientes graduados en lugar de las expresadas en cucharadas, de modo que las proporciones sean siempre iguales. Cuando se indican medidas por cucharadas no se trata de ingredientes críticos, de manera que emplear cucharas algo más pequeñas no afectará el resultado de la receta. En el tamaño de la cucharita, al menos, todos coincidimos.

En cuanto a los panes, pasteles y tartas, lo único que podría causar problemas es el empleo de huevos, ya que las proporciones pueden variar. Si se trabaja con una taza de 250 ml o 300 ml, utilizar huevos grandes (60 g/2 oz); con la taza de 300 ml puede ser necesario agregar un poco más de líquido a la receta; con la taza de 8 fl oz, utilizar huevos medianos (50 g/1 $^{3}/_{4}$ oz). Se recomienda disponer de un juego de tazas y cucharas medidoras graduadas, en particular las tazas para medir los ingredientes secos. Recuerde rasar los ingredientes para asegurar la exactitud en la medida.

Medidas norteamericanas

Se supone que una pinta americana es igual a 16 fl oz; un cuarto, a 32 fl oz y un galón, a 128 fl oz. En el sistema imperial, la pinta es de 20 fl oz; el cuarto, de 40 fl oz y el galón, de 160 fl oz.

Medidas secas

Todas las medidas se consideran al ras. Cuando llene la taza o cuchara, rase el nivel con el filo de un cuchillo. La escala que se presenta a continuación es de "equivalentes para cocinar", no es la conversión exacta del sistema métrico al imperial.

Para calcular las equivalencias exactas, use la proporción de 2,2046 lb = 1 kg o 1 lb = 0,45359 kg.

Métrico	Imperial
g = gramos	oz = onzas
kg = kilogramos	lb = libras
15 g	$^{1}/_{2}$ oz
20 g	$^{2}/_{3}$ oz
30 g	1 oz
60 g	2 oz
90 g	3 oz
125 g	4 oz $^{1}/_{4}$ lb
155 g	5 oz
185 g	6 oz
220 g	7 oz
250 g	8 oz $^{1}/_{2}$ lb
280 g	9 oz
315 g	10 oz
345 g	11 oz
375 g	12 oz $^{3}/_{4}$ lb
410 g	13 oz
440 g	14 oz
470 g	15 oz
1000 g -1 kg	35,2 oz-2,2 lb
1,5 kg	3,3 lb

Temperatura del horno

Las temperaturas Celsius que damos no son exactas; están redondeadas y se incluyen sólo como guía. Siga la escala de temperaturas del fabricante de su horno, cotejando con el tipo de horno que se describe en la receta. Los hornos de gas calientan más en la parte superior; los hornos eléctricos, más en la parte inferior, y los hornos por convección suelen ser parejos. Incluimos la escala Regulo para cocinas de gas, que puede ser de utilidad. Para convertir grados Celsius a Fahrenheit, multiplique los °C por 9, divida por 5 y luego sume 32.

Temperaturas del horno

	ºC	ºF	Regulo
Muy bajo	120	250	1
Bajo	150	300	2
Moderadamente bajo	160	325	3
Moderado	180	350	4
Moderadamente alto	190-200	370-400	5-6
Caliente	210-220	410-440	6-7
Muy caliente	230	450	8
Máximo	250-290	475-500	9-10

Medidas de moldes redondos

Métrico	Imperial
15 cm	6 in
18 cm	7 in
20 cm	8 in
23 cm	9 in

Medidas de moldes rectangulares

Métrico	Imperial
23 x 12 cm	9 x 5 in
25 x 8 cm	10 x 3 in
28 x 18 cm	11 x 7 in

Medidas de líquidos

Métrico	Imperial	Taza y cuchara
ml	fl oz	
mililitros	onzas líquidas	
5 ml	$1/_6$ fl oz	1 cucharadita
20 ml	$2/_3$ fl oz	1 cucharada
30 ml	1 fl oz	1 cucharada más 2 cucharaditas
60 ml	2 fl oz	$1/_4$ taza
85 ml	2 $1/_2$ fl oz	$1/_3$ taza
100 ml	3 fl oz	$3/_8$ taza
125 ml	4 fl oz	$1/_2$ taza
150 ml	5 fl oz	$1/_4$ pinta
250 ml	8 fl oz	1 taza
300 ml	10 fl oz	$1/_2$ pinta
360 ml	12 fl oz	1 $1/_2$ taza
420 ml	14 fl oz	1 $3/_4$ taza
500 ml	16 fl oz	2 tazas
600 ml	20 fl oz - 1 pinta	2 $1/_2$ tazas
1 litro	35 fl oz - 1 $3/_4$ pinta	4 tazas

Medidas por tazas

Una taza de los siguientes ingredientes equivale, en peso, a:

	Métrico	Imperial
Albaricoques secos, picados	190 g	6 oz
Almendras enteras	155 g	5 oz
Almendras fileteadas	90 g	3 oz
Almendras molidas	125 g	4 oz
Arroz cocido	155 g	5 oz
Arroz crudo	220 g	7 oz
Avena en hojuelas	90 g	3 oz
Azúcar glass, tamizada	155 g	5 oz
Azúcar morena	155 g	5 oz
Azúcar	250 g	8 oz
Cáscara de cítricos confitada	220 g	7 oz
Chocolate en trocitos	155 g	5 oz
Ciruelas secas, picadas	220 g	7 oz
Coco deshidratado	90 g	3 oz
Frutas desecadas (surtidas, pasas de uva)	185 g	6 oz
Frutas secas, picadas	125 g	4 oz
Germen de trigo	60 g	2 oz
Grosellas	155 g	5 oz
Harina	125 g	4 oz
Hojuelas de maíz	30 g	1 oz
Jengibre confitado	250 g	8 oz
Manzanas secas, picadas	125 g	4 oz
Materia grasa (mantequilla, margarina)	250 g	8 oz
Miel, melaza, jarabe de maíz	315 g	10 oz
Pan seco molido, compacto	125 g	4 oz
Pan seco molido, suelto	60 g	2 oz
Queso rallado	125 g	4 oz
Semillas de ajonjolí	125 g	4 oz

Longitud

A algunos les resulta difícil convertir longitud del sistema imperial al métrico o viceversa. En la escala siguiente, las medidas se redondearon para obtener números más fáciles de usar.

Para lograr la equivalencia exacta de pulgadas a centímetros, multiplique las pulgadas por 2,54, en virtud de lo cual 1 pulgada es igual a 25,4 milímetros y un milímetro equivale a 0,03937 pulgadas.

Métrico	Imperial
mm = milímetros	in = pulgadas
cm = cm	ft = pies
5 mm - 0,5 cm	$1/_4$ in
10 mm - 1,0 cm	$1/_2$ in
20 mm - 2,0 cm	$3/_4$ in
2,5 cm	1 in
5 cm	2 in
8 cm	3 in
10 cm	4 in
12 cm	5 in
15 cm	6 in
18 cm	7 in
20 cm	8 in
23 cm	9 in
25 cm	10 in
28 cm	11 in
30 cm	1 ft, 12 in

Índice

glosario

Aguacate: palta, avocado

Ajonjolí: sésamo

Albaricoques: damascos, chabacanos

Azúcar glass: azúcar impalpable, azúcar en polvo

Bandeja para horno: charola para horno, placa

Bistecs: bifes, biftecs

Bol: tazón

Cacerola: cazo

Calabacitas: zapallitos largos, zapallitos italianos, zucchini

Calabaza: zapallo

Carne de res: carne vacuna

Cebollas de rabo: cebollitas tiernas, cebollas de verdeo

Cerdo: puerco

Chiles: ajíes picantes

Cocinar: guisar, cocer

Col: repollo

Comelotodos: ejotes de invierno, chauchas anchas chatas

Cordero: carnero

Crema agria: crema ácida

Cubierta: cobertura

Extender (la masa): estirar

Extracto de tomate: concentrado de tomate o de jitomate

Film: plástico

Frijoles: porotos

Grill: asador, parrilla del horno

Guisantes: arvejas, chícharos

Hongos: setas

Judías verdes: chauchas, ejotes

Maní: cacahuate, cacahuete

Mantequilla: manteca

Masa: pasta

Mazorca de maíz: elote, choclo

Mojo: dip, salsa fría

Ostiones: vieiras

Palillos: mondadientes, escarbadientes

Pan seco molido: pan rallado

Papel absorbente: toallas de papel

Pastel: torta, queque

Pelar: mondar

Pimientos: ajíes dulces, pimentones, morrones

Piña: ananá

Plátano: banana

Postas (de pescado): tranches, rodajas

Procesador: procesadora

Refrigerador: heladera, nevera

Rodillo: palote, palo de amasar

Soja: soya

Tofu: queso de soja, queso de soya

Tomates: jitomates

Tomates cherry: tomates o jitomates cereza o miniatura

Trasto para horno: asadera